ちくま新書

# 社会契約論

## ——ホッブズ、ヒューム、ルソー、ロールズ

重田園江
Omoda Sonoe

1039

# 社会契約論

――ホッブズ、ヒューム、ルソー、ロールズ【目次】

## 第4章　ロールズ　203

# はじめに

## †「社会契約論」とはどんな思想だろうか

最初に、「社会契約論」とはどんな思想なのか、その特徴を説明しておこう。それはどんな問いを立て、どんな答えを与えようとしたのだろうか。

第一に、社会契約論は、社会の起源を問う思想だ。ここで「社会」とは、さしあたり人々が集まり、共同で生活する場、というくらいの理解でよい。私たちが暮らすこの社会は、どこから来て、どんなふうに生まれたのか。社会契約論は、それを解き明かそうとする思想だ。だが、たとえば実際にあった歴史上の起源を、古文書をたどって発掘するのではない。理屈として、原理として考えたなら、社会というのはこんなふうに生まれたはずだと説明する。

それを作り話と考えるなら、まあ一種の作り話だ。でも、理屈の上で考えたときに、誰でも少し頭を働かせればたどっていけるやり方で社会の起源を語るというのは、出まかせの作り話にはない効果がある。それは、現にある社会について、理屈として納得できるかどうかを考えるきっかけを与えてくれる。ある社会が実際にどういう経緯でできたかとは別次元で、社会の原理的な成り立ちについて考えることは、いまある社会がいまのままでいいのかを考える際、一つの基準になるのだ。

第二に、社会契約論は、社会が作られるために、そして維持されるために最低限必要なルールは何かを問う思想でもある。社会が社会であるためには、なにか秩序やルールのようなものが必要だ。ルールが全くなければ社会とは呼べず、人が集まっていたとしてもたまたま近くにいるだけだ。そして、そういう集まりにもし安定したルールが生まれなければ、喧嘩になり殺し合いになり、集まりそのものがすぐにも消え去る。

社会に不可欠な、こうした秩序やルールがどこから来るかを考えるにあたっては、大きく分けて二通りのやり方がある。一つは、秩序やルールは自然に、あるいは人間がわざわざ作らなくてもどこかからやってくるという考え方だ。

このなかには、人間同士が一緒にいれば、共通するルールが自ずと生まれるという考えも含まれる。目と目で通じ合うのか、あうんの呼吸か、何かそれに類するものを通じてルールが生まれるということだ。また、人は生まれたときから社会の中にいるのだから、誰だってそこで通用しているルールに従うのが自然だという考えもある。あるいは、古くからあるルールは伝統や慣習として通用しているのだから、それ以上起源を詮索しても無意味だとする考えもある。ここでは、歴史や時間そのものが伝統と慣習を強固にし、秩序の根拠となる。また、神様が人間世界に秩序を与えてくれたのだという考え方もある。こうした場合には、秩序やルールが正しいかどうかは、それ以上さかのぼれない究極の根拠（神や自然や伝統）によって判定される。

もう一つは、秩序やルールを「人工物」とみなす考えで、社会契約論はこちらの代表だ。ところが、ここに困った問題が出てくる。神様や自然や歴史が秩序を与えてくれるなら、ある秩序が正しいかどうかの最終判断に、生身の人間は直接責任を持たなくてよい。ところが社会契約論は、秩序は人工物だと言う。そうすると、秩序の正しさにも、人間が責任をとらなければいけなくなる。言い換えると、神も自然も歴史の重みも、あるいは他の何の助けも借りないで、人間たちだけで社会を作り、運営していく仕組みを考案しなければならないのだ。そして秩序の正しさについても、私たちの頭で理解し判定できる範囲で、何らかの基準を設けなければならない。

つまり社会契約論は、人間社会が維持されるための最低限のルールとは何かを考える思想だ。そしてまた、そのルールが正しいかどうかを判断する際、人間自身が持つべき基準や手続きはどうあるべきかを考える思想なのだ。

三番目に、社会契約論は、人工物としての社会を誰がどうやって作り、その社会は何によって維持されるのかを問う思想だ。人間だけで秩序を作り、それなりに維持していくためには、社会はけっこうきちんと作っておかないといけない。そうなると、誰が作ってもいいってわけではないし、作り方にも工夫がいる。やわですぐ壊れてしまうような社会ではだめだ。そのうえ、生物が生きるのに何かのエネルギーが要るように、社会を維持していくにもエネルギーが要る。それがなければ生物は死に絶え、社会も凝集力を失ってばらばらになってしまう。これは社会体の死、秩序の終わりだ。

では、誰がどうやって作れば、それなりに頑丈ですぐに息絶えてしまわないような、持続性と凝集力がある社会ができるのか。社会契約論は、それを考える思想だ。

こうした問いに、社会契約論はどういう答えを与えるだろうか。それを短いフレーズで表すと、「約束だけが社会を作る」というものだ。まず、社会が作られる以前の状態、つまり「自然状態」が出発点になる。ここには、自由で独立した人たち、つまり、共通の社会を持たない人たちがたくさん出てくる。この人たちが互いに約束を交わす。そうすると彼らは、ばらばらの状態（自然状態）から抜け出て、他の人との持続的な絆の下に置かれるようになる。この約束が社会契約で、それを通じて秩序が生まれる。人が生きる場面は、孤立した自然状態から、他者との継続的な絆が結ばれる社会状態へと移行する。

社会契約論が社会秩序の本性について何を問い、それにどんな方向で答えようとしたのかは、とてもざっくり言えば以上のとおりだ。

## †国家vs.個人——戦後日本と社会契約論

ここで、社会契約論がこれまでどう読まれてきたかについて、簡単に述べておきたい。一九四五年の敗戦後、新たに社会を作っていくとき、社会契約論は戦後日本を導く一つの道しるべとなった。

戦争で大きな犠牲を出した日本では、戦いはもうこりごり、という雰囲気が人々の間に広がっていた。国土は荒廃し、生き残った人々の生活は苦しく、戦時期の軍国主義への反省から、新しい国のかたちについての希望や誇りが必要とされた。その希望の一つとして、社会契約論は民主主義国家の理念を体現する思想として読まれたのだ。

そこで社会契約論は、何よりも「民主主義における国家権力への歯止め」を示す思想として理解された。個人にはいくつかの侵すことのできない権利があり、それは他の個人の権利を侵害しないかぎり制限されたり取り上げられたりしてはならない。したがって、国家は個人に何でもさせられるわけではなく、国家の要求にしたがって命を捨てることは当然ではない。

つまり、国家に決して侵害されない個人の権利がある、そのことを示した思想として社会契約論が読まれたのだ。ここでは「国家対個人」という図式が設定され、国家権力をいかに限定し、個人を国家の抑圧から守るかが議論の焦点となった。民主主義国とは、国家が個人を自らの都合に応じて利用することが簡単には許されない国だと考えられた。そして国家権力の限界は、議会制や三権分立といった制度とともに、国家の目的を個人の生命・自由・財産の擁護に限定する、社会契約論によって正当に定められるとみなされたのだ。

こうした考えはまた、国家は個人の権利保護のために「作られた」ものだという考えと結びついて理解された。戦前の「国体論」では、国家は「自然」「伝統」「万世一系」といったイメージと結びつき、人が自由意志や合意によって作るものとは考えられていなかった。戦後民主主義の代表とされた「戦後啓蒙《けいもう》」と呼ばれる思想は、国家を自然に生成するものと捉える戦前の国体論に反発し、国家が人為的に作られたものであることを強調した。

この考えはたとえば、戦後啓蒙の代表的思想家である丸山眞男の「作為の論理」ということばに表れている。そして、国家を人々の自由意志に基づいて作るという発想は、まさに社会契約論が採用した政治社会形成のモデルだった。

つまり社会契約論は、戦後の日本で進歩的、あるいは近代的で民主的な国家が要請され、戦前のような国家権力の暴走に対する歯止めが求められるときには、必ず念頭に置かれていたのだ。

## †いま社会契約論をどう読むか

ところが遅くとも一九八〇年代には、戦後啓蒙思想は急速にその勢いを失う。ここでは一つひとつ理由を述べる余裕はないが、言ってしまえば時代にそぐわなくなって顧みられなくなったのだ。それと同時に、社会契約論そのものもあまり読まれなくなった。もちろん、高校の教科書や資料集では相変わらずホッブズ、ロック、ルソーの名前が挙げられ、その思想の簡単な紹介がなされてはいるのだが。

社会契約論は、研究者の間では「政治思想」というジャンルで取り上げられ、戦後啓蒙思想が流行したころにはよく読まれ、論じられた。だが今では、たとえばホッブズを研究する人たちの間でも、契約論よりは宗教論、あるいは認識論といった別の部分に興味が移っている。理由は明白で、戦後の焼け跡から国家を構想する、つまり何もないところから秩序を作るのに近い状況のもとでは、社会契約論はとてもリアルな思想だった。だが、国全体が安定の軌道に乗ってしまうと、現存秩序への不満はあってもゼロから社会を構想する思想へのニーズは高まらなくなる。

こんなふうに言ってしまうと、じゃあなんで今さらその流行遅れでニーズのない思想を論じるんだ、と思われそうだ。まさにそこだということは私もよく分かっている。現に『社会契約論』と題された新書は一冊もない。次から次へとあきれるほどくだらないテーマの新書がどぎついコピーで売りさばかれる現状では、こんな地味な本はうまくいかないからだろうか。それもたしかにある。

だが、ここで出版文化の惨憺《さんたん》たる現状を憂いてもしかたない。いま社会契約論を読むには、新たな読み方、戦後啓蒙思想が時代と格闘する中で発見したのとは別の読み方が必要なのだ。過去の人々が固有の時代背景からこの思想を読み解いたように、いま、この現在の状況から、新たに社会契約論を読み解き、読者にその魅力を示さなければならない。

そのために私はこの一年、全く思い出したくもない試行錯誤をくり返し、徐々に定めるべき焦点にたどりついた。それは、社会契約論を「約束の思想」として読む、というものだ。なんだよもったいぶって言うほどのことか、そんなの当たり前じゃないか、と思われるかもしれない。契約論なんだから、約束の思想に決まっている。

でも、思い出してみてほしい。戦後啓蒙思想は、社会契約論を約束の思想として読んだだろうか。それは、現にある国家がその構成員たる個人を抑圧してはならない、という問題意識から、社会契約をつねに国家と個人という対立構図を前提にして眺めたのではないか。たしかに、はじめに自然状態があり、契約があり、そこから国家あるいは政治社会が作られるという語り方はする。でも、契約の瞬間、約束が交わされる場面で、人々が何をするのか、そこでどんな関係が結ばれるのか自体に、はたしてどの程度注目しただろうか。

こうした読解によって、見失われたものは何か。私はそれを、人々がやってきて、集まり、互いが互いを引き込み合い、関係をとり結ぶ、そしてそこから逃れられなくする、約束をめぐる一連のプロセスだと思っている。

社会契約は、ホッブズにおいては「信約（英語 covenant）」と呼ばれる。ルソーは「社会契約（フランス語 contrat social）」、より広い意味では「合意（フランス語・英語 convention）」と呼ぶ。この本では扱うことができないロックは、「社会契約 social compact」ということばをつかう[1]。

語源学など好きではないが、私が考える社会契約のイメージを伝えるために、少しだけことばについての話をする。co や con は「共に」「一緒に」「近くに」という意味だ。コミュニティ community やコンサート concert を思い出すと分かるはずだ。venant は「来る」、trat（英語の tract）は「引き込む」、pact は「とどめる」「くっつける」といった意味を持つ。つまり契約とは、共に来る、集まる、そして互いを引き込み、惹きつけ合うことなのだ。

ばらばらだった者たちが共に集い、互いを引き込む。契約において、約束が交わされる瞬間に起こることは、そういうことだ。何もなかったところに、人々が集まり、約束する。これが秩序生成の瞬間であり、この部分だけに注目して社会契約論を読むと、これまでとは全然違う世界が広がる。社会契約を、そこではじめて生まれる「関係」の観点からだけ読むと言ってもよい。これが私の社会契約論だ。

## †市場の秩序と約束の秩序

では、こうした読み方がなぜ、いま社会契約論を読むうえで重要なのか。このことは「一般性」という、私が社会契約論を読むうえで注目するもう一つの特徴と関係している。

戦後啓蒙世代にとって国家対個人という対立図式が自明だったのは、二度と戦争の悲惨を味わいたくない、国家に抑圧された自由のない生活はごめんだ、という強い思いによる。ところがいまでは、国家に対してこのような脅威を感じる人は減っているはずだ。むしろ多くの人が、グローバル資本主義に向かうとめどない動きに直面して、それに必死に歯止めをかけようとするがうまく機能しない、頼りないアクターの一つとして国家を捉えているのではないか。

グローバルな資本主義、地球大に拡がった商品交換と金融市場。これらが一人ひとりの手に負えないことは明らかだ。私たちの社会関係は大きくなりすぎてしまった。ここには、複雑で大量の情報のやりとりを伴う、為替相場や金融商品をめぐる世界が大きく関わってくるのだろう。こういうことは普通の人たちにはなかなか理解も体感もできない。

だが、私たちにもよく分かる問題がある。それは、市場が広がりすぎ、あまりにも遠くの人々と分業を通じてつながってしまったために、商品の向こう側にいる人との関係が実感できなくなっているということだ。家具や洋服の量販店で商品を買うとき、なんでこんなに安いんだろうと思う。でも、それがどこでどうやって生産され、店舗まで運ばれ、そして売り場に配置されたかを知ることはできない。居酒屋で二時間飲み放題付き二五〇〇円の宴会を開くとき、そこで出されている食材やアルコールがどこで作られどういうルートで届けられているかを知ることはできない。

たとえその製品が、バングラデシュの崩壊寸前のビルにある縫製工場で作られていたとしても。その魚がアフリカのヴィクトリア湖に放たれ、生態系と人々の暮らしを破壊したと言われる巨大魚を捌《さば》いたものだったとしても。対価として金さえ払えば、こんなことは一ミリも考えずに生を営んでいける。それが現在の市場秩序というものだ。

そんなに遠く離れた場所でなくても、たとえば私は、自分に対応してくれる店舗従業員の待遇を知らない。また、通販で注文した商品が翌日届くとその速さに驚くが、巨大倉庫で該当する商品を端末片手に秒刻みで揃える人たちの労働条件も、輸送に携わるトラック運転手のスケジュールも知らない。

つまり、市場における商品を通じて人と関わることが常態となった社会では、商品の向こう側に何があるかを知ることは難しいのだ。ところが市場社会を擁護する人々は、しばしば合意に基づく交換を理由に、この秩序を正当化してきた。ある人が持っているものを別の人は持たない。だから互いが持っているものを交換すると、両方が前よりもっと幸せになれる。ここでは、商品と商品の交換だけでなく、労働者が労働を提供し資本家が生産手段（機械設備や原材料）を提供してなされる生産活動も、自分が持たないものを相手に差し出すことで成り立つ交換関係として理解される。市場秩序の擁護者は、商品の背後に当事者の誰もが得をする幸福な関係を見出すのだ。

でも、市場秩序とはそんなにいいものなのだろうか。消費者としての私には、商品の価格と見た目以外の情報がない。そのため、たとえそこにひどい奴隷労働が介在していたとしても、その商品を忌避することができない。

私に関わっているはずの人々との関係が、私には隠されている。そのため個々の場面でどの商品を選ぶべきかを、目の前の商品から得られる情報だけで決めなければならない。私は悪意がないまま、背後にある不正や搾取に加担しているかもしれないのだ。

市場は人を平等に扱うといわれる。商品の売り手や買い手としては、人の身分や階級、その人が誰であるかは問われないからだ。しかし市場には、誰であるかを問わないことで不平等や不正を覆い隠す機能もあるのだ。

これに対して、約束によって社会秩序をとらえる思考は、相互利益を実現する秩序が自然に生まれるとは考えない。それは、非対称な関係を隠すことで不正や搾取を温存する、グローバル市場の仕組みとは違う。約束の思想は、人が社会でとり結ぶ関係とその条件を、約束を交わす人々の目に見えるようにする。人はどういう場合に、他者との共同生活を受け入れるのか。「正しい」約束の条件はどんなものか。なぜある約束の条項が正しいと言えるのか。それを示し、その条件を受け入れられるかどうかを一人ひとりに問うのだ。

約束の思想は秩序の条件をことばにし、条項にすることで人々の目の前に提示する（英語のpromiseは「前に置く」という意味だ）。それによって、現にある不平等や不正を、等価交換や相互の満足といった「神話」で覆い隠すことを不可能にする。それは人間たちの果てしない違いと多様性、自分勝手な欲望やえこひいきなどの現実の上に、そこには決して回収されない別の次元を立てようとする。それこそが「一般性」の次元だ。この次元があるからこそ、人は社会の基本的ルールについて、何が正しく何が間違っているかを判断できるのだ。

一般性の次元では、不正の介在を知らないのだから自分に責任はないといった言い訳はできない。それは社会関係が結ばれる条件、社会秩序が最低限守るべき事柄を、一つ一つ明示し、吟味する次元なのだから。私たちは一般性の次元に立つことで、社会全体に対して、そしてそこでとり結ばれる関係の基本要素について、責任を持たざるをえなくなるのだ。

## †約束から一般性へ

この本では一方で、社会契約を政治秩序と共同体を創造するはじまりの瞬間における約束として捉える。他方でそこでの約束を、もっと日常的な社会関係にも結びつけたいと思っている。最初の約束もまた約束である以上、そこには「人が人と約束する」ことに共通する特徴が見られるはずだからだ。

私たちは日常の中で、日々約束を交わす。人と会う約束や仕事関係の約束もあれば、電車の発車時刻のような決められた事柄も、広くは一種の約束とみなされている。だから電車が遅れると、日本ではみんな怒るのだ。こうした約束が交わされ、それが守られる、あるいは破られる場合に起きることは、社会契約に通じる部分がある。約束は人に何をさせ、それがなければありえないどんな関係を拓くのだろう。これがこの本のテーマの一つだ。

このことについては、とくにホッブズとヒュームを読むことを通じて、私の考えを示すつもりだ。

一方で社会契約は、「一般性」という、社会的ルールの正しさを考えるうえで重要な理念と結びついている。一般性はかなり理解が難しいのだが、社会契約論の鍵となる着想を含んでいる。それは、はじまりの瞬間とその後の社会共同体の存続とをつなぐ。また、社会メンバーの最初の約束と日常的に行われる「社会的ルールの再検討」とのあいだをつなぐのだ。このことはルソーとロールズの読解を通じて、主にこの本の後半で考察する。

社会契約論は、人間が約束する力、一般性を志向する力への信頼の思想だ。それと同時に、約束によって作られる秩序がとても脆《もろ》いかもしれないことも示唆している。約束が成り立たなければ社会は成立せず、また約束を破棄する自由はつねに人々に残されているからだ。秩序を作り維持すること、それが悪いものであれば作りかえること。そうしたことがどんなプロセスを経て、どんな思考と行為を通じてなされるのか。そのことを、はじまりの約束によって生まれる関係を起点として考える。これが社会契約論のやったことだ。私はこの本で、強靭で斬新なこの思想にあらためて光を当てたいと思う。

社会契約論は、思いがけない視界を次々と与えてくれるアイデアの宝庫だ。もちろん、この思想をたどりなおす道筋はまっすぐではないし、いつも分かりやすいわけではない。

でも、平穏とはほど遠く、近未来すら見通すことが難しいいまの社会状況の中で、感情に訴え、「感じ」で何かを支持するのとは違う社会の捉え方、正しさを探るやり方があると示すのは、とても大切だと思う。いま必要なのは、情のおもむくままに何かと同一化し、あるいは何かを排撃することではない。むしろ違いの中で共存の道を探るために、ほんの少し頭を働かせ、理屈に従ってみることだ。

社会契約論は、約束と合意と社会的ルールづくりについて、シンプルな理屈に従うことで人々が共有できる土台を見出そうとする。そして、この理屈をたどりなおす道程に最後までつきあってくれれば、今まで見たことのなかった視界から、読者に世界を見せることができる。私はそう考えている。

第1章

# ホッブズ

*Thomas Hobbes*

## †ホッブズの生涯と著作

トマス・ホッブズ（Thomas Hobbes, 1588-1679）は一五八八年、イングランド南部のマームズベリという町の貧しい牧師の次男として生まれた。スペインの無敵艦隊が来るという噂に母親が驚き、急に産気づいたためお産が早まったと言われる。このエピソードを、「私は恐怖とともに生まれた」と冗談めかして言っていたらしい。オックスフォード大学で学んだあと、デヴォンシャー伯（キャヴェンディッシュ卿）という大貴族に雇われ、一生この貴族とその係累に仕えて暮らした。彼が生涯独身だったのはこのためである。

ホッブズは当時の他の知識人たちと同様、古代ローマに範をとるルネサンス以降の人文主義的教養を身につけていた。彼は人文主義から、政治の問題を宗教から切り離し、人間世界固有のものとして独立に論じる発想を受け継いだとされる。つまり、この世の出来事を神の摂理やあの世での救済とは別種のものとして捉え、そこでの人間たちの営みである政治を、自立的領域として論じたということだ。

またホッブズは、主君に随行して何度もヨーロッパ大陸を旅行した。彼はこの滞在を通じて、大陸の自然科学に興味を抱くようになる。一七世紀は「科学革命の時代」と呼ばれるように、自然科学が劇的に発展した。ホッブズはこの時代に大陸を訪れたことで、メルセンヌやガッサンディをはじめ、当時最先端の科学者たちと交流する機会を得た。彼が幾何学の証明法を知ったのも、大陸滞在中のことだったとされる。

それ以上さかのぼることができない前提から出発して、順々に推論を重ねて結論に至る。幾何学的な演繹による証明の方法は、ホッブズを強く惹きつけた。そして彼はこの方法を、自身の哲学および政治学に応用しようと試みる。ホッブズの主著『リヴァイアサン』の斬新さの一つは、この方法を政治社会がどのように生成するかを描く際に用いた点にある。つまり『リヴァイアサン』は、幾何学の証明法から影響を受け、それを政治と法の世界に応用するという、実に前衛的な試みなのだ。

もう一つの特徴として、ホッブズが観察と法則発見に基づく自然の科学的理解になぞらえた、社会の科学的説明を目指した点がある。彼は「運動」という単純な現象から自然のすべてを説明できると考えていた。そして、運動の観点から眺めた自然の延長上に、人間社会もまた説明しつくせると考えたのだ。この特異な社会観についてはあとで詳しく話そう。ともかくホッブズは、非常に奇抜でしかも徹底した世界の見方をもとに、政治社会を描いた人なのだ。

政治に関連する著作としては、一六四〇年に『法学原理』、一六四二年に『市民論』が、それぞれ出版されている。このときすでに五〇代である。それからさらに十年近くたった一六五一年、六二歳でようやく『リヴァイアサン』が出版される。『市民論』と併せて三部作となる『物体論』『人間論』は、それぞれ一六五五年と一六五八年に出版された。

私はかつて恩師から、なかなか作品を世に出せない研究者は、いつもホッブズを引き合いに出して慰めるというエピソードを聞かされたことがある。そのときは、これは言われた方はかえってプレッシャーなんじゃないかと思った。だが少なくとも、仮にホッブズが早死にしていたら、英語で書かれた最も偉大な政治思想書と言われる『リヴァイアサン』(2)が世に出ることはなかったわけだ。この年まで何をしていたんだろう。しかし逆に、ホッブズが五九歳で大病を患ったことを考えると、この出版は驚異でもある。

決して遅筆ではなかった彼が、主著を出版するのがこんなに遅くなった理由はいくつか推測できる。一つは、当時イングランドの政情が非常に不安定だったことだ。国王と議会の間の根深い確執。そして、イングランド－スコットランド－アイルランドの複雑な関係。そこに絡む宗派間の対立と王位継承問題。絶対王政と変容する社会経済構造とのひずみは限界に達しており、一六四一年にはピューリタン革命が起こる。目まぐるしく変転する状況の中で、政治制度の根幹に関わる著作を書くのは、身の危険を覚悟すべきことだった。ホッブズは自身の安全を考えて、政治情勢に合わせて刊行時機を見計らう必要があった。

だがそれにもまして大きな理由と考えられるのは、彼の哲学の全体像が巨大すぎたことだ。物体論から政治論までを通覧するその構想はあまりに大きく、しかも奇抜で斬新だ。そのため、自然から人間社会までを独自の視点で一貫して捉える、類を見ない世界観に裏打ちされた政治理論が熟成するまでに、たいへんな時間を要したはずだ。

ホッブズは「大声健康法」の実践家で、毎朝大声で歌いながら散歩したと伝えられる。テニスも好きだったらしい（ただし、現代テニスとは異なる「貴族の」テニスで、室内の専用コートが使われた）。現代人に先駆けて健康管理に努めたせいか、彼は九一歳まで生きた。ホッブズより四四歳年下のスピノザが二年早く死去していることを考えると、これは相当の長生きだ。

だが、高齢になったホッブズが安定した名声や平穏な生活を手に入れたとはとても言えない。『リヴァイアサン』は、短期的な政治情勢が変化したからといって簡単に受け入れられるような著作ではなかった。それはあまりに過激でエキセントリックな雰囲気をまとっていた。そのため晩年は、「悪名高い『リヴァイアサン』」のせいで相対立する陣営の双方から非難を浴びた。彼は、いつ誰にどんな目に遭わされるかと怖れながら、隠棲《いんせい》の日々を送らざるをえなかった。マキャヴェリの『君主論』とホッブズの『リヴァイアサン』は、崇敬と嫌悪と恐怖とが入り混じった不思議な感情を惹起しつづける、近代政治思想の二大著作なのだ。

ホッブズは、誰もが保護と安全を得られる政治社会の構築を、最大の目標として掲げた。それなのに彼自身は結局、平和のうちに心からくつろげる境遇に身を置くことはできなかった。皮肉なことだが、恐怖をコントロールすることで安定した政治社会を創造する思想を展開したホッブズは、恐怖とともに生まれ、恐怖とともに晩年を過ごし、その長い生涯を恐怖とともに生きたのだった。

## 1 世界の運動論的把握とは

### †リヴァイアサン――ホッブズの社会契約論

ホッブズという思想家には、何だか怖い印象がある。それはたとえば、「万人の万人に対する闘争」あるいは「人が人に対して狼」といった、『リヴァイアサン』の有名なことばからの連想でもあるだろう。

だいたい『リヴァイアサン』というタイトルが怖い。リヴァイアサン（レヴィアタン）とは、旧約聖書のヨブ記などに出てくる海の怪物で、その姿はワニやクジラ、また龍や蛇として描かれてきた。ホッブズは『リヴァイアサン』の口絵に、実に気味悪いこの怪物のイメージ画像を載せている。

その画像は岩波文庫版『リヴァイアサン』のカバーにもなっているので、よく知られているはずだ。手前に都市らしきものがあり、背景に山、その向こうが海になっている。海から出てきたらしく、上半身だけ見えている王冠をかぶった人、つまり人間をかたどった

**『リヴァイアサン』口絵**（アブラム・ボス画、1651年）

リヴァイアサンがこちらを見つめている。その人の体はよく見ると無数の人間でできている。ちっちゃな人間たちは皆、王冠をかぶった人の方を仰ぎ見て、こちらに背を向けている。

この不気味な姿とネーミングはイメージ喚起力が強いのか、「リヴァイアサン」は最近でも、漫画やカードゲーム、SFホラー映画、そして小説にも名前が借用されている。なかには人間が寄り集まって一体の人間を作るという設定まで取り入れているものもある。では実際に『リヴァイアサン』を読むとそのイメージが変わるかというと、そうでもない。ホッブズが描く世界はとても異様で、どういうリアリティをもって読めばいいのか分かりにくい。

そこで彼の社会契約論の概要を、私なりのことばで説明しておく。

最初に出てくるのが「自然状態」だ。これはまあ、秩序も社会もない状態と考えてほしい。自然状態での人間がどのようにイメージされているかというと、ボールみたいな感じだ。ボールは放っておくと動いてしまうので、ぶつかり合って、互いに傷つけたり壊したり、傷つけられないように逃げたり、場合によっては他のボールをつぶしたりする。動くボール同士がぶつかるのは当たり前だ。だからボールみたいな人間にとって、自分がつぶされないように相手を傷つけたりつぶしたりするのも当然だ。これが、誰でも持つ自然な権利という意味で「自然権」と呼ばれる。

　自然状態には、ボールの進路を誘導する枠や交通信号のようなもの、つまり秩序やルールがない。だから人は仲間を作れず、ひとりぼっちで他者からの侵害におびえる日々だ。治安の悪い外国に行って、何が起こるか予測できない状態を想像すると分かりやすい。これをホッブズは、自然状態において「人は人に対してオオカミだ」と表現している。

　でも、みんなこういう戦々恐々の毎日にうんざりしている。これは、内戦が続くと平和が切望されるのに似ている。そこで、なんとかして殺し合わないですむためのルールを作ろうとする（これは当時の用語では、「自然法」の発見プロセスと言われた）。だが、ルールだけ作っても誰も守らなければ意味がないので、どうすればルールが守られるかを同時に考えなければならない。

　そこで人々は頭を働かせ（理性による「推論」）、他の人も自分を殺さないなら、自分も人を殺さない、という約束を交わす。これが社会契約だ。ただし同時に、約束を守らせる方策として、全員が武装する権利を共通の誰かに譲る。

　ここで、人々から武装権を譲られる第三者が出てくる。これが国家、つまりリヴァイアサンだ。こうして、互いに傷つけず殺さないという契約の中に、誰に武装権を譲るかが書き込まれているため、一回の契約で、人々が集まることと主権を持った国家とが同時に成立する。これはとてもよく考えられた構成だ。

「ボール」のたとえで運動する物体のイメージはつかめるはずだ。ただ、そう言ってしまうと契約を結ぶ人々の「人間」としての側面が分かりにくくなるかもしれない。実は彼の人間理解のリアリズムは、案外納得しやすいものだ。ホッブズにとって、人間は他者を怖れながら、他方でいつも人を出し抜きたいと考え、その欲望には限度がない。手前勝手な基準で他人のすることを非難し、それでいて大した理由もなく自分は正しいと思い込む（これが、言語と想像力によって複雑になった「ボール」の思考様式だ）。

こうした人間像は、ホッブズが勧めるとおり、自分自身の心をちょっとのぞいてみればすぐに納得できる。少なくとも私は、ホッブズが人間の卑小で低レベルな部分だけを誇張しているとは思わない。自分自身の欲望の際限なさと人間性の低さにあきれるし、それでしばしば大きな失敗をしてきた。それなのに少しも変われない自分をふり返ると、暗い気持ちになりつつ、ホッブズの言うとおりだと思う。

## †機械論的無神論者ホッブズ？

だから、ホッブズが描く人間像は醜悪だがよく分かる。では何が分からないのだろう。それは、人間ではなく政治社会像の方なのだ。

ホッブズは人間を冷徹かつリアルに見据えた。そのため彼の政治社会は、人間の自己中心性や裏切り、恩知らずで先を見ない本性をもってしても崩壊しないよう、あまりに抑圧的なものになってしまったとも言われる。

そう言われればそんな気もする。だが『リヴァイアサン』を読んでも、そこで作られる政治社会が一体どんなものなのか、具体的なことが書かれていないので本当のところよく分からないのだ。それは一挙一動まで主権者の命令である法によって厳しく規制された国家のようにも見える。しかし、外面の規制を国家に委ねることで、臣民は他者と平和に共存しながら、自由と自己利益を十分享受しているようにも見える。

政治社会像の具体性のなさと分からなさは、ホッブズ解釈の振れ幅を大きくしてきた。たとえば、ホッブズは絶対王政を擁護したのか、それとも議会制を重視したのか自体、論争の的なのだ。彼は主権の絶対性と君主による国家統一を重視したのか、あるいは民主的合意を何より尊重していたのか、どちらなのだろう。

また、ホッブズの議論を根底で支えているのは、すでに指摘したとおり、自然科学を模した世界像だった。ここで自然は、原因-結果の無数のつながりとして理解されている。その仕組みは、アナログ時計のふたを開けたときの機械じかけのように、ヴィジュアル化して説明できるはずだ。その説明を可能にする法則を発見するのが、自然科学の目標となる。するとホッブズは「機械論的」な自然観に基づいて、「人工機械としての政治社会」を描こうとしたのだろうか。

　これに対して、ホッブズは機械論者、あるいは無神論者ではなく、この世の秩序を最終的には神から説明しているという見方もある。この見方では、『リヴァイアサン』における自然法の役割が重視され、それが唯一の創造者である神を出所とすることが強調される。

　絶対王政の擁護者か人民主権論者か。機械論的無神論者か神への信仰の持ち主か。政治秩序を人工の機械として捉えたのか、それとも神による秩序として捉えたのか。これらは、ホッブズの分からなさからくる真逆と言ってよいイメージだ。そしてこの本を書くために、私がこれまで蓄積されてきたホッブズ解釈史を少しばかり調べてみて思ったのは、そのどれもが部分的には納得できるということだ。

　ホッブズが描く政治社会の具体性のなさと、そこからくる多様な解釈。私はこの本で、これらのうちどの立場に与《くみ》するといったしかたで、論争に加わるつもりはない。彼が当時の政治状況の中でどんな政府や国家秩序を望んだかは、分かるはずのないことだからだ。

　それよりも、ホッブズの斬新さとは何だったのかを、原点に帰って考えなおしたい。ホッブズの思想には、そこでしか語られなかった政治秩序のはじまりの瞬間が描かれている。はじまりに何が起きるのか。それはどんな場所で、何を語っているのか。

いまなぜ、ホッブズを読むのか。そして、いまさらなぜ、社会契約論を取り上げるのか。これについてよくよく考えた末に、私はホッブズが政治秩序をはじめる、そのはじまりの瞬間だけに注目しようと決めた。そして見つけたのは、ホッブズが「約束の思想家」だということだ。だからこれが、以下のホッブズ論全体のテーマになっている。ホッブズを「約束の思想家」として読むこと。約束から政治秩序を構成する、そういう語り方をはじめた人として読むこと。

それではホッブズの世界観を出発点に、約束の思想へと分け入っていくことにしよう。

## †すでにある秩序を拒否すること

ホッブズは政治秩序について語る際、みなが当たり前のように使ってきたことばを拒否し、かつて誰も考えなかった方法で秩序全体を描きなおしたいと望んだ。つまり、既存の秩序観の中にあり、当然のごとく受け入れられてきた前提をすべて取り去ろうとした。それを通じて、全く新しいことばづかいで政治秩序について叙述し、人間世界とそのルールを一から説明しなおしたのだ。

こういう考えからすると、すべての出発点に終着点となるはずの目的をすべりこませるアリストテレスの目的論哲学は、がまんならないものだった。アリストテレス、およびその影響を受けた中世神学は、目的に向かう完成や成長のモデルで自然と人間を説明しつくそうとする。ホッブズは、たとえば植物の種子に完成体としての木が含まれるといった発想によって、出発点に目的を織り込んでいくアリストテレスのモデルを拒否した。自然現象は、その目的と切り離して運動として捉えられるべきなのだ。

またホッブズは、「旧《ふる》き良き秩序」や歴史的慣習、あるいは既存の集団を前提とする秩序像を一切受け入れなかった。ホッブズ以前の政治思想においては、たとえば「古来の国制」「旧き法」に依拠して、昔からあるルールこそ正しいルールだと主張されてきた。また、政治社会は個人によって作られるのではなく、「団体」が複数集まったものとみなされていた。人はつねに何らかの職業団体や地域集団に属すとされ、何のつながりもないばらばらの個人が想定されることはなかったのだ。

ホッブズはこうした既存の「秩序の文法」、政治秩序が論じられる際の決まりごとや前提を全部壊そうとした。昔からある法や身分集団、そしてそれらの集まりとしての政治社会。ここで前提とされている、すでにある集団やルール、人間社会が作ってきた法と慣習の厚みを全部取り払ったら、世界はどう見え、政治秩序はどのように構成されるだろう。ホッブズが試そうとしたのはこのことだ。

そのために彼が採用したのが、すでに述べた幾何学的証明法と自然科学的な世界認識だ。

ホッブズはこれら二つを組み合わせて、政治社会成立の瞬間、つまり「はじまりの約束」が交わされる場所を描き出そうとした。

彼が描く世界は、徹頭徹尾「運動」によって支配され、説明される。小さな物体から巨大な政治秩序に至るまで、この世界の現象すべてを運動によって描くとはどういうことだろうか。ホッブズは幾何学の証明法になぞらえられた演繹的なやり方で、単純なものから複雑なものへと、順々に世界の成り立ちを説明していく。以下、これを再現してみよう。

## †世界は運動と関係からできている

先に言っておくと、ホッブズが描く世界はとても不気味だ。『リヴァイアサン』の口絵が当たらずとも遠からずと言っていいような世界だ。私はこれがほんとうに異様だということに、あるとき突然気づいた。

それはしばしば、ホッブズの「個人主義的 - 原子論的世界像」と言われているものだ。こう言ってしまうと、今となっては別にどうってことないと思われるかもしれない。たしかに、人間社会を個人という単位にまで分解するのは、どこかの集団に属することが当たり前で、集団間の移動が考えにくかったホッブズの時代には斬新だったかもしれない。百姓は一生百姓で、生まれた村の外に出ることすらあまりなかった時代に、すべての人間を似たような「個人」と見るホッブズは変な人だったはずだ。でも今では、ホッブズの見方は当たり前になったのではないか。

だがよく読んでみると、彼はもっと徹底しているのだ。ホッブズは世界を、個人より小さい単位、あるいは単純な現象へと分解する。つまり彼は、近代がそこにとどまった個人より、ずっと根本的なところにまで世界をバラしてしまったのだ。これはとても異様なことで、なんというか、個人という単位を「脱構築」してその先までいく世界観だ（私には「脱構築」という言葉の意味がよく分からないが、たぶんそんな感じだ）。この点がどうしてもニーチェを連想させるのだが、それについてはホッブズの世界観を説明したあとで立ち戻ることにしたい。

まずは、ホッブズの要素への分解がどれほど徹底したものかを、彼の議論に即して見ていこう。彼は、物理世界を論じた『物体論』において、原因と結果について次のように言う。力はすべての原因で、力が原因であるということは、力によって生じる作用は結果である。つまり、力とその作用とが因果の連鎖を形づくり、それが物理世界の運動のすべてだということになる。

力によって運動が生まれる。ボールが押されると動き出すように。運動する物体は邪魔が入らなければ運動しつづけ、静止する物体は外から力が加わらなければ静止をつづける。

事物が運動すること、そしてそのあり方の変化には、必ず力の作用が介在するのだ。

こうした物理世界の理解を前提として、ホッブズの考察は人間へと進む。人間は生命を持つので、ボールのような物体とは異なる。また、言葉を用いる点でもボールとは違う。だが、言葉を操る知的生命体である人間の心の中で、言語記号を介在させつつ起こっている事柄を、ホッブズは物体論における力と運動と同じイメージで捉えるのだ。

まず、人間のさまざまな「感覚」が運動のきっかけになる。感覚とは外からくる作用(たとえば物にぶつかる、肌に風が当たるなど)に対する人間の反作用だ。ぶつかれば痛いし、風が当たると涼しく感じる。同じ感覚がくりかえし引き起こされると、心理的な像を結ぶようになる。これがイマジネーション(想像力)と記憶で、これらが蓄積され、定着すると「経験」になる。ここで記憶と経験を定着させたり変形するのに重要な役割をはたすのが、言語記号だ。そして、言語によって複雑になった経験に基づいて、人が意志を持った行為に至ると、それが外的な運動として表れる。ここでホッブズは、「何かをしようと思ってする」という意志的行為を、運動と因果の用語で説明しているわけだ。

では、ここで行為につながる「意志」は、どこから来るのだろう。ホッブズは「情念」からだと言う。ではさらにさかのぼって、情念はどこから来るのか。ホッブズによると、情念の一部は生まれつきの(排泄欲など、動物にも共通する)ものだが、大部分はイマジネーションと記憶に基づく経験からくる。そのなかにホッブズは、善悪、快苦、恐怖、希望、勇敢さ、愛、宗教、羨望など、さまざまなものを投げ込んでいる。

ここでホッブズが情念を捉える際に基本となるのは、ある対象に近づきたいという「欲求」と、そのものから離れたいという「嫌悪」の、二つの基本的な運動＝情念である。つまり情念自体が、対象に近づく／離れるという、一種の運動として捉えられているのだ。

こうしてホッブズは、作用と反作用、接近と離反といった運動の言語だけを用いて、人間の感覚と情念を説明する。あとで重要になってくるのだが、この見方は、二人の人間の関係から秩序の生成を説明するホッブズ独特の政治論にも共通する、「関係」に注目する世界の見方でもある。

考えてみれば、運動とは二つ以上のものの関係の表現なのだ。私がものにぶつかれば、私とものとの関係は変化し、私が走れば周囲のものとの位置や関係が変わる。運動と関係は、つねにダイナミックで自分だけでは完結しない。ホッブズはアトム（単位）としての個人から出発する思想家だと言われてきた。だが、実際に彼の世界認識の出発点になっているのは、不動の単位としての個人ではなく、運動を通じて見た二つ以上のものの関係なのだ。

## †熟慮とは何か

　情念がいかに特定の行為につながるかに話を戻そう。人がある対象に抱く情念は、ときと場合に応じてさまざまな行為を生み出す。たとえば、目の前に美味しそうなビールがある。私はこれを心底飲みたいと思うが、飲んだら今日はもう仕事ができそうにない。第一こんな明るいうちから酔っぱらっていいものだろうか。そのうえ夕方から飲みにいく予定だ。ここで酔ってしまったら、せっかくの最初の一杯が最初ではなくなってしまう。

　卑近な例だが、これがホッブズにおける熟慮（英語 deliberation）である。損得や快不快の程度を過去の経験をもとに比較衡量し、それに応じて相反する感覚や情念が押し合いへし合いするのが熟慮なのだ。そして、飲むか飲まないかをあれこれ考えた末、結局自分がダメ人間であることを再確認しつつ缶ビールのプルタブを引っ張ったとすると、これが私の意志となる。つまり、熟慮の末の最後の欲求が意志なのだ。意志が最後の欲求と言われるのは、それが必ず行為へと結びつくからだ。行為は外から見えるので、熟慮の結末とみなされる。ここで私が、本当はビールなんか飲みたくなかったとあとで言ったとしても、行為を実行した以上、私の意志は遡及的に「ビールが飲みたい」だったと確定してしまう。

　人間の意志というのは統合された人格から出てくるのであって、外的刺激からはある程度独立していると思われるかもしれない。また、行為の一貫性は意志の強さ、言いかえれば目標に向けてその場のくだらない情念を排除する、強固な信念に基づくと考えられているかもしれない。

だがホッブズから見れば、それらはすべて作用に対する反作用である。そして記憶と想像からくる欲求や嫌悪、さらには熟慮、それらの最終的帰結としての意志的行為なのだ。だから、立派な意志もさもしい意志も、すべては外界との接触によって次から次へと生じる、情念のぶつかり合いの結果にすぎない。そしてある人の運動としての行為は、別の人のうちに別の感覚、情念、さらには熟慮を引き起こし、それがまたその人の意志的行為を生むのだ。

つまり彼は、私たちの感情、意志、そして行為を、すべて運動のイメージで捉えようとしている。ここでは彼のこうした世界像を「運動論的世界」と呼びたい。ホッブズはよく「機械論的」な見方をした人だと言われる。でも、人間と彼らが作る政治社会に関しては、この表現は少しずれていると思う。

機械論における「機械」には、「決まっていて変えられないこと」が深く関わっている。たとえば、押井守監督の映画『イノセンス』(攻殻機動隊シリーズ)では、もし人間が機械だったら、と考えることの恐怖が描かれている。ここで問題になるのは、すべてがあらかじめ決まっているのではないか、あるいはまるで機械仕掛けの人形のように、人間も決まった動きをくり返しているだけなのではないか、という恐怖だ。

ホッブズの場合はどうだろう。彼の運動論的世界において恐怖が生まれるのは、すべてが因果によって決まっていること自体のせいではない。当事者にとっては、むしろ先が見えないことが恐怖なのだ。いつ、誰が、どこからぶつかってくるか分からない。人の運命が機械じかけのごとく決まっているからではなく、何が起きるか予測不可能だから怖いのだ。

「運動論的世界」では、当事者は何が起こるか分からず、先の見えない恐怖に翻弄される。ここに見られるように、未来を予測できない中で当事者が何をするか決めなければならない状況、これがホッブズの「自然状態」なのだ。

## †既存の秩序に依拠しないことの異様さ

以上が、ホッブズが描く世界の概略だ。こう説明すると、「まあそういう世界観もありなんじゃないか」と思う読者もいるかもしれない。でも、ありかなしかを判断する前に、こんなおかしな世界観を思いついたホッブズという人の想像力って、かなりすごいということに思いを致してほしい。アリストテレスや、あるいは既存の慣習的秩序や集団を前提とする秩序観と比べてみると、ホッブズの言っていることはどうにも突飛に見えてこないだろうか。

そんな回りくどいことを言わなくても、日常を思い起こせば事足りるかもしれない。朝ゴミ出しに行くと近所の人に会って挨拶する。化粧もしてなくて恥ずかしいな、などと余計なことを考えながら朝食を作り、子どもを学校に送り出す。集団登校の集合場所には他の子たちが並んでいて、旗を持って子どもについていくお母さんもいる。そうこうしているると生協の宅配がやってきて、暑いですねなどと適当なおしゃべりをする。それからあわてて出かける支度をして電車に乗る。時間通りに発車し、車中で携帯を見ると、原稿を催促するようなしないような、微妙なメールが来ている。

こういう朝の光景一つ思い出すだけでも、世界と人間の成り立ちをすべて物体の運動から説明するなど、なかなかできることではない。私たちの周りには、日常的慣習と秩序があふれている。そして当たり前のように、予想通りの毎日がくり返される。だから、そこにもここにもある小さな秩序を、その気になればいつでも身を以て体感できるのだ。それらすべてがないかのように、力の作用と反作用、接近や離反から世界を説明しつくすなど、頭がどうかしていなければ思いつかないことだ。

ホッブズの描く世界は、人と人との関係を、まるで慣性の法則にしたがって動くボールが、別のボールにぶつかって運動の向きと速さを変えるかのように捉える。これは全く尋常なことではない。「分解‐再構成的方法」と呼ばれる彼のとった方法が、世界をいかに異様なものとして映し出すことになるかは、日常とのこうした比較から理解できると思う。

ホッブズは、「もし仮に世界を物体の運動だけから組み立てたとしたら、運動体としての人間たちから作られる政治秩序はこういうものになるはずだ」という話を徹底した。それは私たちの日常とはかけ離れた、半ば妄想に近い思考の産物なのだ。

## †自由意志は自由か

すでに述べたように、ホッブズの世界像では個人は運動の最小単位ではない。個人そのものが外界との間での、あるいは次々に生じる異なった情念や欲求の間での、ぶつかり合いによってでてきているのだ。つまり、個人とは一方で、さらに小さなさまざまな力と運動と衝突が生じる場である。他方で、熟慮を経た個人の意志的行為が他者の行為とぶつかり合うという意味では、より大きな運動世界の一要素にすぎない。

それでもなお、ホッブズは政治を論じる際に個人を単位とした。なぜだろう。彼は熟慮の結果としての意志的行為の単位を、個人とみなすのだ。だがここで、その個人のうちに起きていることが、さまざまな欲求のぶつかり合いだとするなら、はたしてその人は自由な意志に基づいて行為していると言えるだろうか。欲求同士の比較に基づく暫定的結論にすぎない意志について、「自ら」意志しただとか「自由な」意志だとか言っていいのだろうか。たとえば、ビールを飲んだことが自由な意志に基づくと言われても、ほんとに自由なんだろうか。

というのも、奇しくもビールの例に表れているように、ホッブズにおいて、意志は欲求をコントロールする能動的なものではないのだ。意志に先立つ欲求の方が意志のもとになっているように見える。そのため意志は「最後の欲求」とすら呼ばれている。では種々の欲求がどこから来るかというと、運動と関係の中からと言うほかない。それは外界や対象と人間との間に生じる作用と反作用、また接近と離反として表れる。

人間が生きているかぎりこうした運動をつづけるとするなら、そこで自由意志とは何を指しているのだろう。それは、ある人の外面的行為から推測して、この人はこの行為に至る意志を持ったはずだと事後的にみなされる、ということでしかない。ビールを飲んだからには、それを意志したに違いないのだ。だがここで、ビールと私との間に生じる関係が引き起こす欲求（喉が渇いた、泡が出る苦い飲み物がほしい）は、自らの意志で生じるわけではない。では、運動や欲求を上から統制することができないような意志を、はたして自由な意志と呼べるのだろうか。

## †自由と必然性について

ホッブズ独特のこうした自由意志の見方からすると、彼がある論争の中で自由と必然性について述べていることも理解できる(「自由と必然性について」〔一六五四年〕。*The English Works of Thomas Hobbes* 所収)。それによると、自由であることと必然的であることは矛盾しない。まず、これまで見てきたとおり、人間の行為はさまざまな欲求によって規定されている。これらの欲求は関係と運動に由来し、好きなように変えられない。そして欲求を比較衡量する熟慮を経て選び取られる行為が、欲求の強さと配置によって決まる以上、選択に基づく行為、すなわち意志的行為はある種の必然性に支配されている。

だが他方で、その人が熟慮ののちにある行為をするかしないかには、やはり選択の余地がある。だからそれは自由な行為なのだ。そうすると、自由意志に基づく行為と必然的な行為とは同じになる。

たとえば、征服者によって死か降伏かの選択を迫られた人がいるとしよう。この人には明らかに、死と隷従のどちらかを選ぶ余地があり、その意味で自由だ。しかし、剣を喉元につきつけられ、死の恐怖や生への愛着による隷従と、プライドと勇敢さによる死のどちらかを選ぶとき、選択は自由だと言えるだろうか。情念が人間を動かすと考えるホッブズからすると、熟慮の結果なされる行為は、人が持つそれぞれの情念の強さや組み合わせによって自ずと決まってくる。つまり、選択は必然的なのだ。

私は原稿を書こうと机に向かい、あるいは思想家の書いたものを読んでいるとき、これに似た経験をすることがある。最初私は自由に読み、自由に論じているような気でいる。しかし集中して思想家と向き合うとき、何かの拍子に急に視界が変わることがある。そうなるとまるで相手の力に引き込まれるようにして、自ずと読みが定まってくるのだ。

これ以外のしかたで読むことはできないという強い力を感じるとき、思想家の書いたものと自分の書くものとの間に、逃れがたい必然性が現れる。そうなるとはたして自分は自由に書いているのか、それとも何かの力によって必然的に書かされているのか、全く分からなくなる。それでも自由に書いたと呼ぶことにすれば、それは自由意志に基づく行為だ。

だがそうなると、他の選択肢があったと事後に想定されるあらゆる行為が、自由意志に基づくことになってしまう。実際ホッブズは、こうした自由意志観に立って契約論を展開する。

また、ここでの自由と必然性について、自由を人間の視点、必然性を神の視点として捉えることもできる。ホッブズ自身、「自由と必然性」の中でそのように述べている。

しかしホッブズの「突き抜け方」からすると、そんなふうに考えなくてもいいように思う。必然性や原因の背後に神を見るのではなく、そこから神を取り去ってみることもできるのではないか。ここでの必然性、運動がはじまり、それが因果の複雑な連鎖を通じて世界を変転させていく様子は、神という名称を取り除いたらどう見えるだろう。

そうすると、必然と原因は、必然でも原因でもなくなる。なぜなら、必然性をもたらす原因と結果の連鎖、あるものが原因となってある結果が生じるという順序、つまり秩序を保証する神がいないからだ。必然性を与えてくれる神が見つからなければ、残るのは変転する力と運動が、はじまりも終わりもなくつづく世界だけだ。

自由なのか必然的なのかという問い自体、自由と必然性を二分する考え方があってはじめて成り立つ。ホッブズはこの二つがどちらでもありうる、あるいは視点を変えることによって自由と必然性が両立するという境地に立った。つまり、自由と必然性の区別はホッブズ自身によって「脱構築」されたのだ。そこから一歩進んで、必然性の視点、つまり神の視点を取り払ってみたらどうなるだろう。変転する力と運動から法則性を取り去ると、世界はどう見えるだろう。

そこにあるのは「関係」だけ、つまり、ぶつかり合い、反発し、エネルギーを消費し、蓄え、奪い、そして奪われる、大小の運動体とその変転する姿だけではないだろうか。この運動論的世界は何に似ているだろう。

## †ホッブズとニーチェの世界観

思い切って時代を下るなら、ここでのホッブズの意志論は、ショーペンハウエル（Arthur Schopenhauer, 1788-1860）の思想に似ている。ショーペンハウエルは、個人から意志を切り離し、意志とは個人よりずっと根源的な生の原理として個人そのものを動かす「人称を欠いた力」であるとした。さらにこの意志論は、それを徹底するとともに、意志的運動を他者関係における権力の問題へと結びつけていく、ニーチェ（Friedrich Wilhelm Nietzsche, 1844-1900）の世界像へとつながっている。

ニーチェの思想において、「力」が重要であることはよく知られている。だがそこで、力がつねに「向き」を伴うこと、つまりニーチェが一貫して、力を何かに向けての運動と変化として捉えていることについてはどうだろう。ニーチェにとって、力とは運動であり、運動には向きがある。それを人間世界に当てはめるなら、彼はいつも他者関係の中で力を捉えていた。

このことの重要性はしばしば見過ごされてきたと思う。それはいまでもつづいている。たとえば、生のエネルギー讃歌や自己実現の哲学としてニーチェを読むなど、他者関係としての力という観点をまじめに受けとめればありえないことだ。向きを欠いた力を想像できないのと同じように、他者関係を欠いた生のエネルギーなど、少なくとも人間に関しては考えがたい。ところが、ひとりでに充満する自己完結的なエネルギーの哲学というニーチェ像が、これまでくり返し生産されてきた。

逆に私は、他者関係としての力というニーチェの論点をとことん追求した思想家を、フーコー（Michel Foucault, 1926-1984）以外には知らない。そしてこの、力↓力の向き↓運動↓他者関係という方向を徹底したところに、ニーチェとフーコーにおける「権力」の特異な見方が出てくるのだ。

ホッブズの権力観自体は、ニーチェやフーコーのものとは異なる点も多い。だが、権力を見る際、人間の活動や行為を個人には還元できないさまざまな力の集まりと捉え、しかもそれを運動として、他者へと向かい他者の運動とぶつかり合う力、すなわち権力として捉えるという発想は共通している。

これはあるいは、極端にポストモダンなホッブズ解釈なのかもしれない。だがホッブズ自身が述べていること、とくにその運動論的世界観とそこから導出される自然状態の描写の中に、近代的個人を登場人物とするのではない、一種異様な世界が垣間見えることはたしかなのだ。

目の前にある具体的な秩序から出発することを一切拒否し、力と運動のイメージで一から秩序を組み立てなおす。その際ホッブズがどこまで徹底した分解を行い、そこから議論を構成したかは、以上でだいたい説明した。そこで次に、彼がこうした人間観をもとに政治社会をいかに再構成するかを見ていきたい。

## 2 政治社会の再構成とホッブズ問題

### †自己保存の自然権と自然状態

ホッブズは人間の欲望には限度がなく、何かが得られればすぐに次の欲望が現れ、それが死、つまりは生命体の運動の終わりまでつづくと考えていた。だがこんなふうに言うとしても、彼にはこのことを非難する気はないのだ。生命という力を得て運動をはじめた人間が、障害を避けながら生命の保存と充実を望むことは、悪いことでも何でもない。それはまさに、運動体としての人間の「自然」なのだから。ホッブズはやはりなんというか、「善悪の彼岸」に立って、よいわるいの向こう側から人間を捉えた人なのだ。

このことからホッブズが、どんな人間であっても等しく追求するのが当然の、最も重要かつ基本的な事柄として「自己保存」を置く理由が分かる。運動体が運動をつづけるのは自然なのだから、人間が自己をできるかぎり保存し、その生命と力を持続させようと努力するのも当然なのだ。

生々しい諸力のぶつかり合いからいかに秩序が生まれるかを説明する際、ホッブズは一つの大きな謎を残した。それは二〇世紀に、パーソンズ（Talcott Parsons, 1902-1979）によって「ホッブズ問題」と名づけられたものだ。以下では、ホッブズが秩序を再構成する手際を見ていきながら、ホッブズ問題の所在を明らかにしたい。

ホッブズは、人間が自己保存を最重要視するのは当然だと言う。彼はこの自明性を、「石が下に落ちるようなもの」（『市民論』）と表現している。人間が死と苦痛を避けようとするのは、石が落下するのと同じように自然なことなのだ。そのためそれは「自然権」と呼ばれる。

自然は分かるとして、なぜこれが権利なのか。ホッブズにとって、権利とは自分の判断でしようと決めた（意志した）ことをする自由だ。分かりにくいが、やりたいことをやれるのが権利と言われればなるほどだ。これを自然権に当てはめると、自然権とは生きるために自己の判断に基づいて自分の力を好きなように使うことだ。

この自然権の定義が、「自然状態」につながっている。それぞれの人が生き残るために好きなように力を使うなら、そして彼らの力を調停したり抑制したりする上位の存在がないなら、自己保存を賭けて人々が争う可能性が出てくる。

ホッブズが自然状態を「万人の万人に対する闘争」の状態としているのはこのためだ。人は他人の生命も含めて、自己保存に役立つあらゆるものを利用してよい。他の人が持っているものを奪ってもいいし、必要なら殺してしまってもいいのだ。

もちろん、むやみに人を騙し、陥れ、暴行を加え、あるいは殺してしまうことを、ホッブズが賞賛しているわけではない。このあたりは、君主に堂々と裏切りを薦めるマキャヴェリとはかなり違っている。自然状態の下でも、ひどいことはひどいし、よろしくないことはよろしくないのだ。

だが結局、よろしくないことをしてしまう人が出てきたときに、はたしてその人を止められるかが問題だ。自然状態では、自らの力または一時的な同盟によって問題人物の行為を実力で阻止することでしか、誰もそれを止められない。上に立つ権力がなく、また強制力を伴う法もないので、不正をただせる機関が存在しないからだ。

子どものけんかを例にとろう。一人の子が別の子の筆箱の中に、失くしたと思った自分の消しゴムが入っているのを見つける。その子はもう一人に、「お前おれの消しゴム取っただろ」と怒鳴る。怒鳴られた方は、「取ってないぞ。落ちてたんだ。それもだいぶ前のことだ」と言う。「そんなはずない。落としてないぞ。取ったんだ」「拾ったんだよ。それに長いこと使ってるから、もとはお前のでも今はぼくのだ」。ここで力の強い方が相手をガツンとなぐって有無を言わせず消しゴムを自分のものにしたら、それは力が支配する自然状態ということになる。

ここに先生がやってきてけんかをやめさせ、それぞれの言い分を聞いて裁定を試みるとする。そうなるとこれは、上に立つ権威によって当事者双方が言うことをきかされるわけだから、自然状態を脱して法が強制力を発揮する政治社会が形成されたことになる。

こうした例はいくらでも挙げることができる。たとえばホッブズは、当時の国際秩序を国家間の自然状態とみなしていた。彼は、そのころのヨーロッパには国際法に実効性を持たせる機関が存在しておらず、主権国家を超える権力がないと考えた。そして、何一つ命令できない法は意味をなさないので、国際関係は自然状態、つまり諸国家の争いの状態にあるとした。

### †自然状態で人は自由か

ホッブズは、自然状態においてはあらゆる権利がすべての人のもとにあることを強調している。というのも、上位の法も支配者も不在なのだから、誰もが自分の好きなように行為できる。何をやっても公的にとがめられることも、罰を受けることもない。これがホッブズによる、あらゆるものに対する権利である。人はこの意味で、絶対的な自由と権利のもとにある。

ところがこの自由がもたらすものはとても少ない。というのは、たとえ何をしてもよくても、自然状態で人が実際にできることは限られているからだ。すでに指摘したとおり、動くボールに見立てられた人は、いつどこから別のボールがぶつかってくるか予測できない。そのため命がけで手に入れたものを奪われるのではないかと、昼も夜もつねに警戒していなければならないのだ。

ホッブズは自然状態を次のように描いている。「土地は耕作されず、航海がないので輸入品もない。手ごろな建物もなく、重いものを動かす道具もない。大地についての知識もなければ、時計もなく、技芸も文芸も社交もない。最悪なのは、暴力死への恐怖と危険が絶えないことだ。ここでの人の一生は、孤独で、貧しく、醜く、野蛮で、しかも短い」(『リヴァイアサン』第一三章)。

人間が継続的に努力して作り上げる生活を便利にするさまざまなものが、紛争地域でいかに無残に破壊され棄ておかれ、たえず欠乏しているかは、内戦がつづく都市を思い浮かべればよく分かる。人々はいつ殺されるかという恐怖にさらされ、しかもその状態から逃れることができない。

また、将来の見通しに基づいた生活自体が不可能になる。たとえば土地を耕作しても、その果実をいつ誰に奪われるか分からないとなると、生きることがその場しのぎにならざるをえない。だから、すべての人がすべてに対して権利を持つということは、誰も何も安定して持てないのに等しい。

だからこそ、人はこの状態を脱したいと考える。全くの無秩序よりは、たとえそれが抑圧的なものであっても、政治社会がある方がいいに決まっている。平和と安全にまさるものはない。それは人間が権利と自由を実現するための前提条件なのだから。

ホッブズはしばしば、強い国家を求めるあまり、自由と多様性を犠牲にしたと非難されてきた。だがこの言い分は、「そんな考えは平穏に慣れきった人間の言い草で、戦争と抗争がもたらす悲惨を忘却したないものねだりだ」と一蹴されただろう。

自然状態がみじめであるほど、平和への希求は強く、自明となる。それなのに、自然状態で最初に武器を棄てるのは危険すぎる。この世で生きながらえることを差しおいて、別の価値(たとえば英雄的勇気や自己犠牲)によって約束を交わすなどばかげている。予期せぬ暴力死が最悪の結末である以上、そのリスクが高い武装放棄を最初に行う人とは、ある意味では勇敢だが別の意味では愚か者にほかならないのだ。

そうすると、いつまでたっても契約は結ばれず、政治社会が出てくることなどありえない。これがホッブズ問題の所在である。

### †ホッブズ問題と囚人のジレンマ

一方でホッブズは、人間が平和のうちに共存できるためには、最低限どんなルールが必要かを考察している。これが、彼が「理性の命令」と呼ぶ自然法の内容をなす。

やっと自然法が出てきた。これで人々が自己保存の自然権を棄てる契約をすれば、政治社会ができるんだな、と思われるかもしれない。でもやっぱり、自然状態はそう簡単には克服できないのだ。

というのも、戦争状態は、人間の思考力が足りず、平和がいかに重要かを理解できないからつづくわけではない。そうではなく、自然状態では何が起こるか分からない。それがもたらす相互不信がいけないのだ。この状況さえ克服できれば、みじめで粗野な自然状態の暮らしより平和で安全な社会生活の方が、誰だってまともに考えればいいに決まっている。

したがってここでの問題は、「誰がどんな理由で最初に武器を棄てるのか」と言いかえられる。ここで仮に、武装放棄を諭す賢人が出てくれれば、だんだんと仲間が増え平和派が優勢になるかもしれない。もちろんホッブズはそんな都合のいい想定はしない。彼は、言われるとあまりうれしくないがたしかにそうだと思い当たる、醜悪で下劣な人間本性だけを当てにして、そこから秩序を作ろうとするのだ。

自然状態から秩序が生まれるこの場面において、ホッブズの叙述で何が起きているだろう。その部分を読むと「あれ？」ととまどうのだが、すべてが一気に変化し突如として全員が相互に武装放棄の信約を結ぶのだ。このとき同時に、政治秩序そのものであるリヴァイアサンが生成する。付け加えるなら、それなりに長さのある『リヴァイアサン』の中で、自然状態から政治社会が形成されるプロセスを描いた部分は、拍子抜けするほど短い。

これはいったいどういうことだろう。『リヴァイアサン』を読んでも、なぜ最初に武器を棄てる人間が出てくるかは、きちんと説明されていないのだ。そのためこの問題は、ホッブズに絡めてさまざまに論じられてきた。

たとえば社会学ではこの循環を、「ホッブズ問題」、あるいは「ダブルコンティンジェンシー（二重の不確定性）」、つまり他者の行為選択によって自分の選択が決まるが、その他者の選択は自分の選択に依存しているという、決定が困難な状況の一例と捉えられてきた。あるいは、当事者が最悪の場合の結果を最もましなものにしようとして全体の効用が下がる、「囚人のジレンマ」状況の一例とされてきた。

ここでの例に当てはめて説明するなら、武装放棄さえしなければ自分の身を守る可能性だけは残されている。一方、先に武器を棄ててしまえば、相手が襲ってきたとき身を守るすべはない。だから突然襲われるという最悪の状況を想定して、武器を棄てないという選択がなされる。だがこの想定は、平和と安全のための選択を、最善であると知りながらさせないよう仕向けている。そのため悪循環が止まるきっかけは失われたままなのだ。

## †ホッブズはホッブズ問題を解いたか

ホッブズは、人々が戦争状態を脱して平和と安全を手に入れる唯一の道を、「自分たちの権力と強さを、一人の人または一つの合議体に与えること」だとしている。そしてこうした力の授与は、次のような宣言を人々が行うかのように理解されるべきだとする。「私はこの人あるいはこの合議体に権威を与え（英語 authorize）、私自身を統治する権利を与える。ただし、あなたもあなたの権利をその人に与え、私と同じようにその人のすべての行為を権威づけるという条件で」（『リヴァイアサン』第一七章）。

このフレーズにある、お前もするならオレも同じようにするよ、という「相互性」に関する部分を、でもお前がするって保証がなければオレはしないよ、と読むと、ホッブズ問題の所在が分かりやすくなる。ここに表れる「相互性」は、ホッブズが人間社会の秩序を考察するとき、つねに基本となる考え方だ。

たとえばホッブズは自然法として、第一に「人は誰でも、平和を得られる希望があるときには平和のために努力しなければならない。一方平和が得られないときには、戦争において自分を助け有利にするすべてを求め、利用してよい」（『リヴァイアサン』第一四章）を挙げている。ここにもまた、こうならばこう、こうでないならこう、という条件付きの選択肢があり、平和への希望がなければ戦争で有利になるようにふるまってよいことが明記されている。

これは相手や自分が平和を望むか望まないかの話ではない。平和の方がいいことは分かりきっている。問題は望みや考えではなく、お互いに相手が平和に向けて努力するという保証をどこから得られるかだ。

ところが、『リヴァイアサン』の政治社会設立について書かれた部分で、ホッブズはこのことに一切触れていない。先ほど引用した、人あるいは合議体に権利を与えるという文章の次に、いきなり「これがなされるなら」、ばらばらだった群衆は一つの人格へと統合され、国家あるいはリヴァイアサン、ホッブズの表現によると「可死の神」が生成すると書かれている。

つまりホッブズは、他の人も平和に向けた努力を行うとの見込みのもとに人々が選択した場合には、政治社会が設立されるということしか言っていない。

Aの場合ならこうなる、でもBの場合には全く違う帰結になるとだけ言って、なぜAになるかの理由を示さない論証というのが、説得力を持つだろうか。ホッブズはA、つまりここでは武装放棄とその帰結である平和と安全の方があらゆる人にとって善いということを、何度となく強調している。だが一方で、B、つまり誰も武器を棄てない根拠が十分あることも、くり返し述べているのだ。

## †三つの代表的解釈

ホッブズはホッブズ問題をどう解いたか。『リヴァイアサン』には直接の解答はない。そのため、政治思想史でもこの問題はさまざまに議論されてきた。二〇世紀のホッブズ解釈の中で、ここでは以下の三つを挙げておく。

一つはレオ・シュトラウスに代表されるものだ。シュトラウスはホッブズにおける主要な情念として、死の恐怖と虚栄心の二つを取り出す。ホッブズが自然状態と社会契約締結について述べるくだりで、この二つの情念にしばしば言及しているからだ。

シュトラウスによると、ホッブズは虚栄心こそが平和への希求を阻害し、くだらない見栄に基づく闘争心が戦争へと人を駆り立てると考えた。だが、死の恐怖は非常に強く、理性の計算に助けられて恐怖心が虚栄心に打ち勝つことで、社会契約が結ばれる(『ホッブズの政治学』みすず書房、一九九〇年)。

もう一つは、ハワード・ウォレンダーに代表され、提唱者の名をとって「テイラー＝ウォレンダーテーゼ」と呼ばれている解釈だ。この立場は、ホッブズにおける神の存在を重視するところに特徴がある。彼らによるなら、ホッブズは無神論者ではなく、自然法とは神の命令である。したがって、たとえ自然状態であっても神の法たる自然法が支配しており、それによって人間は平和への努力を義務づけられている(Warrender, *The Political Philosophy of Hobbes*, 1957)。

三番目はマイケル・オークショットによるものだ。彼は上記どちらの立場にも不満を持っている。まずシュトラウスに対しては、情念と理性の働きだけで秩序ができるのはおかしいという。これは、人が理性を用いてよく考えれば、恐怖心が虚栄心にまさって、他者との共同行為ぬきに社会秩序ができるかのようなシュトラウスの議論への違和感と言ってよい。

同様に自然法説も、社会においてしかありえない規範を自然状態に滑り込ませるところに難点がある。神の自然法が自然状態でも支配しているなら、ホッブズは何の苦もなく政治秩序を導出できたはずだ。実際には、神を持ち出さずに、あるいは表向きは神のおかげとしつつも、人間社会に固有の秩序を運動という単純な事実から出発して示すことが重要だったのだ。

オークショットにとってホッブズの政治秩序は、人間が理性を用いて推論するだけで到達できるものではない。また、神や自然からあらかじめ与えられているわけでもない。だからこそ、人間たちが契約と合意によって作り出した政治社会ではじめて、法、義務、モラルといった言葉が機能しはじめ、意味を持つのだ(『リヴァイアサン序説』)。

この解釈は、ホッブズにおける政治社会の人工性(人間が作るという意味)、あるいはそれが「人々の間に」出現すること、つまり共同性を本質とすることを的確に捉えている。

## †政治社会が生まれる場所

しかしオークショットを含め、これらのどの解釈も固有の意味ではホッブズ問題を解いていない。シュトラウスとウォレンダーの解釈では、ホッブズ問題は解かれるのではなく、問題自体がないかのように扱われている。シュトラウスが言うように、政治社会が情念と理性の組み合わせによって生まれるなら、秩序形成に向けた「危うい」行為である最初の武装放棄は不要になる。また、ウォレンダーが言うように、神が平和を命じ、被造物としての人間がそれに従うなら、そこにホッブズ問題が生じる余地はない。

オークショットの場合は、自然状態と社会状態(秩序がある状態)の違いが強調される。

そのため、では誰が最初に武器を棄てるのかという問いは、他の解釈と比べて際立ってくる。二つの状態がどこまでも断絶しているなら、最初の状態から別の状態への移行を説明することが、ますます強く要請されるからだ。

だが彼は、その説明がうまくいかないことを認めているようなのだ。そのためオークショットの人間たちは、社会状態への移行がどうやって起こるかを説明されないまま、政治社会において自然状態とは全く異なった世界を生きることになる。

彼のホッブズ解釈は、テキスト上の根拠に乏しく極端すぎると言われてきた。だが私は、ホッブズの政治社会成立における一種の断絶を示している点で、彼の理解は魅力的だと思う。つまり、ホッブズ問題には解がないと認めることで、むしろホッブズにおける秩序生成の瞬間、自然状態と政治社会との断絶が際立つのだ。

自然状態には法も不法もなく、法的義務もなければ正義もない。ところがひとたび政治社会内部に入ると、人間たちは正と不正を区別し、道徳と法秩序、正義のルールのもとに生きるようになる。ここで一切を支配しているように見える、何が正しく何が不正かを定める法、そして法を強制する手段に関して、自然な根拠は何一つないのだ。

全能のリヴァイアサン、可死の神、多くの人体が寄り集まって胴体を作る不気味な人の画像、具体的な生活がどんなものか想像しにくい政治社会。ホッブズの政治秩序の分かりにくさは、彼が自然と社会との間に厳しい断絶を設けることから生じている。

ホッブズにおける政治とは、人間たちがその共存の条件を自分たちで定め、共同性の行く先をその都度見つけていくような、外部の始源もなければ終極の目的もない活動なのだ。それは、死ぬまで運動をつづけ死ねば静止する運動体としての人間たちが、生きているあいだ他者とともに活動をつづける、彼らの居場所だ。

それはたしかにかりそめの場所だ。それでも、来世があるかどうか分からないのだから、結局そこが人間にとって唯一の居場所ということになる。これは当時の神学的世界観に対して、人間の力だけで政治秩序を構成するという、とても挑戦的な内容をなしている。

政治社会が位置づけられる、神や伝統といった根拠も目的も欠いた、いわば宙ぶらりんの場所。これを名指すためにホッブズは、世界を最小要素にまで分解し、そこから政治社会を再構成するという大がかりな装置を作った。ホッブズの仮言的、あるいは条件法的な政治社会の再構成は、「もし世界がこのような単位からなるとするなら、そしてもし、人間の情念と理性のあり方をこのようなものと仮定するなら、政治社会形成の条件はこのように示され、その社会はこのようなものとなる」というものだ。そして、もしあなたが私と同じく武器を棄てるなら、そこに現れる政治社会はこんなものだということを示したのだ。

私はホッブズのこのアプローチを、社会契約論の典型だと思う。彼は、現実の人間社会を見ているかぎり想像もできないような極限までの分解と、そこからの秩序の再構成によって、政治社会が形成されるさまを描く。こうして人と人との間に、他の何にも依拠することなく現れる共同性、はじまりの場所を名指すのが、「社会契約論」の典型的なあり方なのだ。そこではいわば、どこでもない場所のいつとも知れない時間に、一度にすべてのことが起こり、突如として政治社会が生成するのだ。

昔からあるもの、あるいは天から降ってきたものといった根拠を剝奪された秩序は、人間たちが結びつくということ、そのこと自体の中にしか根拠を持てない。だからそこに発し、そこに終わる。リヴァイアサンが「可死の神」であるとは、そういうことなのだ。

## 3 約束の力

### †一つの契約が、結合と主権者を同時に生み出すこと

ホッブズはホッブズ問題に直接の答えを与えていない。また、解釈者たちもその問いにうまく答えられてはいない。そこで以下では、秩序のはじまりが喚起する問題について、

別の角度から検討を加えたい。

そこで、政治社会が作られたあとに話題を移そう。それはどこから力を得るのか。そしてひとたび結合が成立すると、秩序が簡単には崩壊しないのはなぜなのか。

自然状態においては、あらゆる人がすべてのものに権利を持っている。これが自然権だ。社会契約において、人はこの自然権を第三者に譲ることを相互に約束する。これが武装放棄の契約である。

ホッブズの力のイメージからすると、すべての人が自分の自然権を譲り渡すことで、それを譲り受けた者、つまり主権者あるいはリヴァイアサンは、同意した全員の力の総計と同じ分だけ力を得る。もちろん人が実際の力、実力と言えばいいのか、ものをつかんだり壊したり、人を殴ったりする力を、物理的に譲るなどということは考えられない。そんなことをしたら、極端に言えば歩くことも呼吸することもできないからだ。

ここで「権利」という語が重要な役割をはたす。力を権利とみなす、あるいはするかしないかの選択の自由を権利とみなすことで、この権利を相互に放棄し、第三者に譲ったことにするのだ。こうして、「譲ったことにされた」力が主権者のもとに結集し、国家権力が成立する。

ここでホッブズは、一回限りの契約によって全く当事者として出てこない主権者を打ち立てる。これを契約が二段階に分かれている場合と比較してみよう。人と人とが結びつく約束、つまり結合契約と、支配者への服従を誓う約束、つまり支配服従契約が二段階になっている場合、人々はまず何らかの政治社会を形成することに同意する。こうしていったん結合した人民が、支配者を選ぶのだ。この構成によると、人民が支配者を気に入らなければ取り替えることができる。そうしたところで結合契約自体は解消されていないので、無秩序に陥る心配はない。このことを、人々に支持されない体制は消滅して当然だというふうに、「民主的」に意味づけることもできる。だが別の角度から見ると、人民の気まぐれのために支配が安定しない可能性を容認しているとも言える(3)。

これに対してホッブズの場合、支配者が気に入らないから首をすげ替えようとすれば、それは即座に無秩序を意味する。そのため人々は、死の恐怖に舞い戻るか多少不満があっても現存秩序を受け入れるかの二者択一を迫られる。そこで、ホッブズはリヴァイアサンの支配力はそれだけ強く、安定したものになる。だがこのことから、ホッブズは自然状態における相互恐怖を巨大な一個の権力に対する恐怖に変えただけで、人は政治社会でも不自由なままだと批判されてきた。

ホッブズの政治秩序が抑圧的かどうかという問いに、私はここで答えるつもりはない。それは結局分からないし、どちらともとれると思うからだ。それより気になるのは、ここで政治社会を生み出す約束は、ほんとうのところどんなものかだ。

## †権利は一斉に譲渡されるのか

ホッブズの社会契約は、しばしば全員が一斉に第三者に権利を譲渡する構成になっていると言われる。こういう理解がなされてきたのは、おそらく『リヴァイアサン』にそう読める描写があるからなのだろう。そしてまた、全員が一斉に武装放棄するなら、誰が最初に武器を棄てるかというホッブズ問題が、見かけ上は回避されるからでもあるのだろう。

だがここで少し立ち止まってみたい。ホッブズはほんとうに、「一斉に」権利譲渡が起こると言っているのだろうか。『リヴァイアサン』第一七章の該当部分を読んでみよう。そこには、政治社会の「この統一は、それぞれの人がそれぞれの人に向かって次のように言うかのような、個々の人と人との信約によって作られる」とある。

注意すべきは、この箇所でも別の箇所でも、彼は政治社会形成の信約を、一斉に起こる権利譲渡とは表現していない点だ。ホッブズは社会契約を、それぞれの人が自分以外の一人ひとりと個別に結ぶ約束の集まりとして表現している。

ここでのホッブズの立場は首尾一貫している。というのも、ホッブズにとっては政治社会形成以前にどんな安定的で自明な秩序もない。これは、政治社会が前提とすべき契約の単位が、個人以外に存在しないことを示している（ただしすでに見たように、個人という単位も意志の帰属先として便宜的に置かれたものだ）。政治秩序の前に継続的な人と人との結合は一切ないのだから、何らかの集団を単位とする契約はありえない。だから個人はお互いに、それぞれ別々に、一人ひとりと無数の約束をする以外にないのだ。

これが一気に、無時間的に起こるというのはなかなか考えにくい。たとえば一〇〇人がそれぞれ別個に約束するとしよう。この場合約束の数はどうなるだろう。一人は残りの九九人と約束する。残りのそれぞれの人同士もそれぞれ約束する。そうすると約束の数は、九九＋九八＋九七＋……＋一で、四九五〇個になる。これが一斉になされるというのは、全く理解も想像もできない。

これについて、だからホッブズの契約論はフィクションなんだと言ってしまえばそれまでだ。たしかにそう考えてもいいのかもしれない。だが、ホッブズにおいて契約当事者がつねに二者を基本としており、一人と一人との個別の契約が集まったものとして見られているのはなぜなのか。そこには何か重大な意図が隠れているのではないか。

これについて以下では、ホッブズは二人の人間がとり結ぶ信約に注目することで、社会的結合に「時間」という要素、そして拘束力を導き入れると解釈する。ホッブズは、人と人とが約束を交わすことそのものが、人々の間で力の移動を引き起こし、それが継続的な拘束力を生むと言いたいのだ。そしてこの拘束力が、政治社会を形成する際の契約にも力と持続を与え、リヴァイアサンの力の源泉となる。

## †信約とは何か

『リヴァイアサン』に戻ろう。第一三章でホッブズは、自然状態の悲惨さと、にもかかわらず戦争が止まらないことを描く。ところがこのすぐあとに出てくるのは、戦争を終わらせるための政治社会の設立ではなく、自然法についてのかなり長い説明である。そのあとに人格（英語 person）についての考察が差し挟まれ、それからようやく第一七章で、リヴァイアサン生成の話が出てくる。しかも、第一と第二の自然法について書かれた第一四章のうち、分量としてはじめの三分の一が自然法についての叙述で、残りの三分の二は契約について書かれている。

『市民論』の叙述はさらに顕著で、第二章で第一の自然法を取り上げた箇所に、権利を放棄する、譲渡するとはどういうことかについての記述がある。そのあと、契約と信約（ラテン語 pactum）についてやはりそれまでの二倍ほどの紙幅を割いて書かれており、第二から第二〇の自然法が出てくるのは第三章以下である。

ここから、約束、契約、信約がホッブズにとっていかに重要だったかがわかる。約束とは何か、それはなぜ交わされるのか。約束するとは何をすることで、約束にはどんな種類があるのか。約束に違反するとはどうすることなのか。ホッブズはこうした事柄について、実例を交えたかなり長い考察を行っている。彼にとっては、約束がなければ権利の譲渡も放棄もありえない。また自然法にかなった行為も、それ自体約束との深い関わりにおいて理解されている。

ではホッブズは、約束をどのようなものと捉えているだろうか。ここでホッブズが、「信約」という特殊なタイプの約束に注目している点が重要である。信約は契約の一種だ。そこでまず契約の定義から見ておこう。契約とは、当事者双方が利益を見出すときにのみ交わされる約束だ。その場合に、二人の当事者が自分の権利を互いに譲渡し合うと契約になる（三人以上、二組以上もありうる）。ここで権利を譲渡するとは、誰か特定の相手について、その人がある事柄に関して好きなようにするのに抵抗しないことを指す。

土地の売買契約を例にとろう。AはBに土地を売り、所定の代金をその場で受け取る。AがBに権利を譲渡すると、Bがその土地を自由に使い、たとえば自分の家を建てようとしたときに、Aがそれを邪魔したり抵抗したりする権利は失われる。一方Bの側でも、Aに渡したお金をAが好きなように使うのを、邪魔したり抵抗したりする権利を失う。これが権利の相互譲渡であり、契約がその場で実行される、つまり即時履行の場合である。

ところが契約の多くは、即時履行とは異なった種類のものだ。右の例で、Aが土地の権利をいまBに譲渡するが、Bは代金を一ヵ月後に支払うという約束がなされたら、これは契約の特殊なケース、すなわち信約となる。つまりここで、BはAに借りができるが、この借りを返すこと、言いかえればBがあとで約束をはたすことが、契約の中に含まれている。このケースは信約と呼ばれる。

信約にはもう一種類ある。それは、双方ともに将来履行するという約束だけがあり、即座にはどちらも何も与えないタイプの約束だ。これはたとえば、Aが一ヵ月後に土地を与え、Bも一ヵ月後に代金を支払うといったタイプの契約を指している。

ここで、一方だけが即時履行する信約において、Aだけが約束をはたした状態でBの気が変わって、土地を手に入れておきながら代金を支払う約束を守らなければどうなるだろう。あるいは、両方ともすぐには履行しない信約において、どちらかが約束を反故《ほご》にした場合はどうだろう。ホッブズは自然状態について述べた箇所で、自然状態には法もなければ不法もない、正義がないので不正もないと言っているのだから、約束遵守の強制力はどこにもないように思える。

だが、どうもそうではないらしい。ホッブズは、自然状態においても信約は守られるのが当然だと考えているようなのだ。これはどういうことだろう。万人の万人に対する闘争のイメージからすると、延期された約束履行（つまり信約）が自然状態で守られるとは、なかなか考えにくい。

### †信約は自然状態においても守られるのか

ところが実際には、ホッブズが自然状態における信約遵守を主張している箇所はいくつかある。それに関する叙述が多く詳しいので、以下では主に『市民論』に依拠する。

先に、双方がすぐには履行せず約束だけを与えるタイプの信約について、前節の例を用いて見ておこう。この場合にAの方がBについて、たとえばギャンブルで多額の借金があり金に困っているらしいと噂で聞く。BはBで、Aがあの土地を息子に相続させようとしているらしいと知る。こうした疑いが出てきた場合には、自然状態においてこの信約は無効になるとホッブズは主張する。

だがこれは裏から読むと、右に挙げたような合理的疑いがなければ、自然状態でも、どちらも即時履行しないタイプの信約は有効だと言っていることになる。これはかなり強い想定である。両方が、ことばやその他のしるしによって未来について約束する場合に、強制力を持った政治権力がなくても、両者がその約束に縛られるというのだから。

では、一人が先に履行を済ませてしまうタイプの信約について、ホッブズは何を言っているだろうか。驚くべきことに、彼はこのケースの一例として、強盗に命を狙われた人が強盗との間で交わす約束を挙げるのだ。この人が命の危険に直面して、今は持ち合わせがないがあとで大金を渡すこと、そして復讐しないことを約束する。はたしてこの人は約束を守らなければならないだろうか。

ここでこの状況が「信約」と呼ばれるのは、強盗の側にはその人の命を取る自由があったのにそれを差し控えることで、先に約束をはたしているからだ。そして強盗に遭った人の方では、殺されないのと引き換えにあとで大金を渡すことを、自由意志によって選択しているのだ。

ホッブズはこの種の信約が、恐怖によって結ばれたからといって無効にはならないとする。というのは、恐怖によって結ばれたという理由で約束が無効になるなら、自然状態から政治社会を設立する契約が、全体として無に帰してしまうからだ。もちろん契約の中には恐怖と無関係なものもある。だが、社会契約という特別な約束は、つねに恐怖の解消と安全確保という利益を求めて結ばれるのだ。

このことは、ホッブズが「獲得によるコモンウェルス（政治社会）」の生成について述べていることとも整合する（『リヴァイアサン』第二〇章）。というのは、彼は侵略や征服といった歴史上ありふれた、力による国家の成立についても、それを契約として理解しているからだ。征服された土地の住民たち、外国の王や武力によって屈服させられた人々は、たとえ極限状況にあっても、死か降伏かを選ぶことができる。このときも強盗の場合と同じ論理で、ホッブズは被征服者に自由な選択の余地を認めている。彼らが生きているということは、死より隷従を選んだのだ。したがって彼らは恐怖から、かつ自由な意志によって、征服者を主権者とする社会契約を締結したとみなされるべきだ。

ここまでのホッブズの主張を少し整理しておこう。まず、契約や信約が結ばれるのは、人と人とがたがいに相手から何らかの利益を期待する、そして選択の自由がある場面だ。そして、信約が反故にされる理由として、合理的な疑いが挙げられる。それに対して、恐怖から約束してしまった場合、それを理由に契約が無効になることはない。これは恐怖を理由とする社会契約が無効にならないために、ホッブズが契約一般に課した条件だ。

たとえば、強盗と強盗に遭った人との間では、強盗の側には、いま殺すか、あとで約束に基づいて金をせしめるかの選択肢がある。そして強盗に遭った人にも、いま殺されるか、それともあとで金を払うと約束することで死を免れるかの選択肢がある。両者はどちらの選択が自己利益にかなうかを比較衡量する。もし強盗が殺すよりはあとから金を取る方を選び、強盗に遭った人がそれに合意するなら、強盗は殺すのを差し控える。ここに、一方が先に約束をはたした契約、すなわち信約が成立する。その信約は守られて当然だとホッブズは言うのだ。

彼はいったい何を言っているのか。なぜ自然状態において信約が守られるのだろう。しかも、それが剣先を喉につきつけられて死か隷従かを選ぶ場合であっても、また強盗に命と金とどちらか選べと言われる場合であっても、なぜ守られなければいけないのだろう。いったん結ばれた信約は、相手が強盗でも残忍な侵略者でも守られなければならないという強い主張は、どこからくるのだろう。

## †約束の力

こうしたホッブズの考えをどう受け止めるべきだろうか。彼は、約束を守らせる強制力という後ろ盾がない場合でも、「約束した」という事実だけによって拘束力が生まれると言っているように思える。この解釈によるなら、約束はそれ自体で当事者双方をつなぐ拘束力を持つことになる。

『市民論』で、片方だけが履行を済ませた信約がとくに詳しく論じられているのはなぜだろう。それはホッブズが、一方だけがあとで履行するという力と権利の非対称な状態に注目しているからではないのか。ここに見られる関係のアンバランスは、約束が人と人とを結びつける力を鮮明に示している。(4)

これまで、自然状態でも信約が守られなければならないのは、自然法の支配が自然状態にも及んでいるためだと解釈されてきた。あるいは、自然状態は全くの無秩序ではなく、ルールを守らせる強制力が十分でないだけだと説明されてきた。

しかし、信約は守られなければならないというホッブズの主張は、自然状態であってもそれなりに自然法が支配しているとか、秩序が中途半端ながらも存在しているとか、そんなふうに「それなりに」読まれるべきなのだろうか。

『リヴァイアサン』でも『市民論』でも、ホッブズは契約が法とは異なるとくり返し強調している。ホッブズにとっては、自然法であれ国家の法（実定法）であれ、法とは上下関係に基づく命令である。これに対して、契約とは自由意志に基づく、それゆえ何らかの意味で対等な、人間と人間との約束なのである。

ホッブズが自然状態における信約について語るのは、それが、約束そのものが一切の外部への依拠なしに持つ力、人が別の人と交わす約束が生み出す拘束力、そして二人の関係が招き入れる時間性を示すためではなかっただろうか。

ここで「時間性」は、信約履行が先延ばしにされることで、当事者双方が未来に向けて互いを拘束し合うことから生じる。信約においては、いま交わされる約束が未来に関するものであるため、将来にわたって他者関係が生じる「場所」と、いまと未来とを結ぶ「時間」が一気に生成する。約束が交わされた時点が「現在」となり、それが履行される未来に向けて、約束を起点として時間と空間そのものがはじまるのだ。

契約は法や命令、上からの強制とは異なる。それは自由な合意と約束を通じて、当事者双方を未来に向けて拘束する。その力はほかならぬ契約の中だけにある。つまり約束は、約束すること自体によって人を時間性を伴った拘束のうちへと引き込むのだ。

ここで約束すること、すなわち他者と何らかの関係を持つことが、「力」として表れるのはなぜか。それはもとをただせば、力が運動論的に捉えられることによる。運動はつねに向きを持つことから、力は他の何らかの物体や他者との関係としてのみ表れる。運動論的な見方からすると、関係と向きを欠いた力は存在しないのだ。そのため、人と人とが約束の関係に入ることもまた、そこに何らかの力が、時間と空間の中で作用することを意味する。これが、約束という関係の中に生じ、そこにだけ宿る力、つまり約束の力だ。

全能のリヴァイアサンもまた、約束のこうした特性から力を得ている。これが、政治社会設立の契約は、全員一斉の武装権の放棄ではなく、個々人が自分以外のすべての人と一対一で結ぶ約束の集まりでなければならない理由だ。

つまり、政治社会へと権利が譲り渡されるためには、人と人とが約束し合うことから生じる拘束力、約束そのものが生み出す力が必要なのだ。ではこの「約束の力」は、いったいどういう性質を持つのか。

これについて、私は次のように考えている。約束の力は、人が自然状態で他者とぶつかり、あるいは人の心の中で情念同士がぶつかる場合に働く力とは、そのあり方が違っているのだ。ホッブズの運動論的世界において、作用と反作用、接近と離反は、結局のところ対象を取り込むか離れるかの関係でしかない。

約束の関係はこれとは異なる。それは相手を取り込むこともなければ、反発したり衝突するわけでもない。約束を交わすとは、当事者双方がそれぞれ異なる存在のまま、互いに惹きつけ合うことなのだ。それは一種の引力だ。ただし、相手と完全に一体になるわけではない。ある距離を保ったままで、人と人とが互いに引き合う。そのことによって、約束は二人を隔てると同時に引きよせつづける時間と空間を生み出す。だから引力というより磁力に近いかもしれない。約束の力は磁力のように、離れたところにいる二者が引き合いつづけるように作用するのだ。こうして約束をつうじて、人は異なるもののまま、多様なままで関係しつづけることができる。

### †リヴァイアサンの力は約束の力である

いま述べたことを、ホッブズ問題に関連させて整理すると次のようになる。ホッブズはホッブズ問題を明示的には解かなかった。だが、少なくとも、自然状態でも守られるべき約束という論点を導入することで、社会契約が結ばれ、それが守られるのはなぜかを示している。それは、約束自体の中にある力によってなのだ。

どんな場合であっても、人には約束をしない自由がつねに残されている。だから自然状態がつづく可能性をホッブズは否定できない。一方で、約束にはそれ自体に宿る力がある。それは関係そのものが生み出す力だ。この力によって、リヴァイアサンは強く、安定したものになる。以下、これについて説明していこう。

ホッブズのリヴァイアサンが「全能」と呼ばれる理由、その力の源泉はどこにあるのだろう。それはこれまで、個々の力が合算されること、つまり「力の合成」として理解されてきた。社会契約を結ぶ当事者は、自己保存権と武装の権利すべてを第三者であるリヴァイアサンに譲り渡す。そのためリヴァイアサンは、すべての社会メンバーの力と権利を合算した力、人間の結合体としては最大の力を得ることができると。

この場合、個々の人間とリヴァイアサンという全体との関係、あるいは個人から全体への力の譲渡だけが注目される。そのことから、ホッブズの社会契約論は「力の合成論」だと言われてきた。だが私は、この見方では社会契約の本質を捉えきれないと思う。力を単なる足し算で捉えても、契約が「約束」であることの意味は理解できない。約束を交わす人々がどんな関係のもとにあるかが問われないからだ。言い換えると、約束がリヴァイアサンのはじまりだけでなく、それが維持され存続することすべてに関わることを見過ごしてしまう。契約とは人が何かを譲ることである前に、人と人とが約束を通じて「関わる」ことなのだ。

約束によって、人は未来に向けた関係のうちに引き込まれる。ホッブズは、信約が解消されるには、約束がはたされるか、あるいは免除されるかの二通りの場合があると言っている。だが、互いに自然権を譲渡する信約においては、どちらかの履行が免除される、つまり片方だけが自己保存の自然権を取り戻してよいとされることはありえない。なぜならそれは、免除を宣言する側にとって自らの命を守る自然権の放棄となるからだ。また、双方の履行が免除されるとは、自然状態に戻ることにほかならない。

そうなると、政治社会を維持するためには、当事者は約束を守りつづける、つまりは主権者への自然権の譲渡をつづける以外にない。恐怖からであれ、損得勘定からであれ、ひとたび約束が交わされたなら、双方が約束の力のうちに、それが生み出す未来に向けた拘束のうちに取り込まれることになるのだ。

このことは何を意味しているだろう。約束はリヴァイアサンのはじまりに、武装放棄を誓い合う最初の瞬間だけに関わるのではないということだ。人が人と約束を交わし、それを守ること、そのことによる引力は、リヴァイアサンの結合力そのもの、力の源泉となりつづけるのだ。リヴァイアサンの全能は、人々が譲渡した力の総計を受け取る、つまり力の足し算によるのではない。リヴァイアサンは、人と人とが約束を交わし、それを守りつづけるかぎり二人の間に作用する関係としての力、つまり人が異なるままで惹きつけ合う、一種の引力が働くかぎりで全能なのだ。

ホッブズはホッブズ問題を直接には解かなかった。だが彼は、約束が自然状態においても拘束力を持つことを示した。さらに約束の引力は、政治共同体のはじまりだけでなく、それが持続するためにも力を与えつづけるのだ。

ホッブズの社会契約論において、政治社会はその外部に、どんな具体的で自然な根拠も持たない。だが他方でそれは、神の命令とも理性の命令とも自然法とも違う、そして人間本性とも違う力に支えられている。それこそ、人と人とが関係を結び、約束を交わす、そのこと自体が生み出す力だ。だから『リヴァイアサン』は、人が自由に結合することで社会を作り維持する、アソシエーションの政治思想なのだ。「約束だけが政治社会に力と秩序を与えつづける」。これが社会契約論の核心にある教義で、ホッブズが社会契約論の創始者であるゆえんなのだ。

## †ホッブズの平等の強さと深さ

ホッブズ論はこれで終わりにしたい。話が相当難しくなってしまったので、ここで最後にホッブズ社会契約論の意義をあらためて考えてみたい。

ホッブズを近代政治理論の創始者と呼んでも、その評価を過大だという人は少ないだろう。彼の思想が巨大で、あまりに偶像破壊的で、後世に甚大な影響を与えたことは誰もが認めるからだ。

では、ホッブズの政治理論は近代人権思想だと言った場合はどうだろう。これについては、彼が人間本性を醜く、浅はかで、卑賤《ひせん》なものとして描いたという理由で、抵抗を示す人も多いのではないか。たしかにホッブズは、人間が等しく崇高でかけがえない存在だとは一度も言わなかった。代わりに彼は、人間が誰でも等しくしょうもなくてくだらないと公言したのだ。

私はホッブズのこの人間評価にこそ、通常近代人権思想と言われるものに決定的に欠けている、ほんとうの意味での近代的平等の深さと強さがひそんでいると考えている。自分も含めたあらゆる人間が、同じように醜く、同じようにくだらないということを、堂々と認め、著書に書ける人間がほかにいただろうか。民衆がくだらないとか、大衆は救いがたいなどと言った思想家はいくらでもいる。でもこれは、そうした上から目線の大衆蔑視とは全く違う視点なのだ。自分が他の人と同じようにくだらなく、しょうもないことを直視した人だったからこそ、ホッブズはこういうことを書けたのではないか。実際ホッブズは、自分の心をちょっと眺めるだけで、人間の愚かさや醜さ、短絡的な思考や視野の狭さにすぐに思い当たると言っている。

ホッブズが神をも畏れぬ人と言われたのは、彼が人間の万能を説き、神の代わりに人間を置いたからではなかった。むしろ人間の愚かさやばかばかしさをそのまま認めてしまうからなのだ。自分が人よりはましだとか、もっと下の人間がいると思って生きている人は、驚くほど多い。そしてこういう人にとっては、ホッブズは認めたくない現実をつきつけてくる、ぞっとするほど不快で嫌なやつなのだ。

ホッブズにとっては、人間が愚かなのは罪深いからではない。人間とはもともとそういうものなのだ。これは敬虔な人々の信仰心を逆なでしたと言われるが、はたしてそうだろうか。それ以上に、信仰を楯に他者を見下し、中傷してきた人たちのプライドを逆なでしたのではないだろうか。

ホッブズは、力と運動にまで世界をばらすことで、みなが平等にしょうもない存在だということ、そしてそれが人間にとって当然であることを示した人なのだ。だからこそ、その人間たちを前提に秩序を作るのが至難であることを、探求の出発点とした。

それでも作られる秩序は、相手がどんなに身分が低くてもしょうもない人間でも、約束をした以上はそれに縛られるという、ある種の平等を条件としている。あるいは、約束というただ一つのシンプルな関係から生じる、未来の行為への拘束力からその力を得ている。

ホッブズの思想に非常な強さと勢いがあるのはなぜだろう。必ずしも分明ではなく、むしろ矛盾だらけのその文章には、奇妙な力がある。それは、人間が自分も含めて等しくしょうもないということを認めたうえで、そこから社会秩序と人間の共存の話を成立させる、思い切りと徹底性からくるのではないか。

社会契約論という近代を創った思想の出発点にあるのは、崇高で冒すことのできない人間の尊厳、その意味で不可侵の人権ではなかった。それは、貴賤も社会的地位も身分も財産も老若も男女も問わず、ものすごくくだらないことにこだわり、欲望にはかぎりがなく、そしてどうしようもないことで言い争い、同じパターンの醜いけんかをいつまでもくり返す、そういう人間認識だったのではないか。

だがこれは別に冷徹な観察でもなければ、過剰なリアリズムによる理想の放棄でもない。人間をそのように設定しておいて、それでもなお作られる秩序があるとするなら、それはおそらく多くの人を除外しない秩序となる。そのため契約当事者の条件に、さまざまな理想を勝手に付け加える必要がない、参入のハードルが低い秩序となるはずだ。人間の尊厳や崇高さに執着し、それを口実に社会構成員の門戸を狭める政治理論に比べて、これほど「民主的」な政治理論はなかなかない。

しょうもなくくだらない人間から秩序を作るために、ホッブズは人間と人間との約束という、当事者にある種の対等性が認められる関係に注目する。人間たちが政治社会を構成するためには、相手がたとえ誰であっても、ことばやしるしを伴って交わされた約束に例外なく縛られるというルール、約束によって無理やりにでも相手を引き込んでしまう、関係そのものが生み出す力が必要だった。醜くしょうもない人間たちは、ばかばかしいことでいがみあい争うけれど、彼ら自身が交わす約束に内在する力から、拘束へと巻き込まれる。契約が持つこの力は、それぞれの人が交わす無数の約束に内在する力として、アソシエーションを維持するために作用しつづけるのだ。

約束は守られなければならない。ではその拘束力、つまり義務と規範性はいったいどこからくるのか。神からでも自然法からでも政治権力による強制からでもない。約束を交わすという人間たちの行為、そしてそこから生まれる関係からくるのだ。

約束が交わされたとたん、関係そのものから拘束力が生まれる。だからそれは、約束自体に内在する力なのだ。しょうもない人間たちは、それでも相互に約束を交わすことができ、そこに内在する力は、契約の力、約束の力となる。それが政治社会形成の原動力となり、それを維持する基礎的な結合力、引力となる。

人間へのこれほどの信頼、あるいは人と人との関係へのこれほど絶大な信頼の思想が、いったいほかにあっただろうか。ホッブズの社会契約論が、近代における人間の最も強力な擁護者だというのは、こういう意味なのだ。

第 2 章

# ヒューム

*David Hume*

## †ヒュームの生涯と著作

デイヴィッド・ヒューム（David Hume, 1711-1776）は、スコットランドに生まれ、エディンバラ大学で学んだ哲学者、政治・経済思想家、歴史家である。

はじめに、ヒュームが生きた時代を簡単に見ておく。彼はスコットランドとイングランドが合併しグレートブリテン王国となった直後に、エディンバラ近郊で生まれた。弁護士の父と法務長官の娘である母との次男であった。幼いころ父を亡くし、母の手で育てられた彼は、法曹家の道を期待されていた。だが、若きヒュームは周囲の期待に反して哲学に没頭し、生涯を「文人」として過ごすことになった。

当時イギリスでは、一六八八年に起こった名誉革命によって確立された制限君主制および議会主義による政治運営が、試行錯誤を経て地歩を固めつつあった。二大政党であるウィッグとトーリーによって占められた議会、事実上の初代首相と言われるウォルポールの政治など、のちに立憲君主制に基づく近代的な議院内閣制とされる政治制度が成立した時期にあたる。

ヒュームがエディンバラで学んだスコットランド人であったことは、ことのほか重要である。ここでは、スコットランド－イングランド関係などの政治史的な詳細に立ち入る余裕がないので、思想史的な面だけを取り上げる。意外に思われるかもしれないが、思想や社会に関わるかぎり、当時イギリスの最先端を行く学問はイングランドではなくスコットランドにあった。とくに「道徳感覚学派」（モラルセンス学派）のハチスンが、グラスゴー大学で教鞭をとっていたことは重要である。

道徳感覚学派は、シャフツベリ伯からハチスンを経てヒュームとスミスを生んだ経験主義哲学の一学派である。哲学および倫理学上の立場としては、彼らは理性（知性）ではなく感覚や感情（情念）に道徳の根拠を求め、人間の自然な感情から出発する道徳体系を築こうとした。

さらに、彼らの興味は哲学・倫理学だけでなく、政治制度の原理的な研究にも向けられていた。そのため、現在では「大陸自然法学」と呼ばれる、グロティウスやプーフェンドルフの自然法論に精通していた。道徳感覚学派は、理性と客観性を重視する大陸での自然法の論じられ方を批判的に摂取し、それを道徳感覚論と両立するものに組みかえた。そのことを通じて新しい哲学ならびに道徳と政治の学を生み出そうとしたのである。

もう一つ、おそらく何より重要なのは、彼らが「文明化」をきわめて先進的な視点から捉えていたことである。ルネサンス以降、ヨーロッパ社会の開明度を測る際に基準とされるのはつねに古典古代、つまりギリシャとローマだった。だが、道徳感覚学派を中心とするスコットランド啓蒙思想の中から出てきたのは、これとは異なった文明への視座であった。彼らは、世界に先駆けて商業と産業の時代を経験しつつあったイギリスにあって、経済的な生産と交通が人間社会を根本から作りかえようとしていること、そしてそれが人間と社会の進歩をこれまでにない勢いで後押ししていることを、敏感に察知した。

そして、もはや古代に範をとることでは解けない問い、すなわち富や奢侈《しゃし》（贅沢）が広がることが道徳や政治にどのような影響を与えるのかを、基本的な問題関心とした。当時この問いに、「富が政治と道徳を腐敗させる」とネガティヴな答えを与えた思想家は多かった。だが、そうした答えに納得せず、むしろ商業と産業にふさわしい新しい道徳の基礎を、その時代の社会的条件の中に探求したのが、とりわけヒュームとアダム・スミスだった。こうしたスタンスによって、この二人は現代まで読み継がれる偉大な思想家となった。彼らはほぼ同時期に（スミスはヒュームより一二歳年下である）スコットランドで活躍し、生涯かけがえない友人として交流しつづけた。

ヒュームの主著『人間本性論』（第一・二巻は一七三九年、第三巻は一七四〇年刊、以下『本性論』）は、叙述が抽象的なうえ体系志向で分量も多く、本人の自負と期待に反して芳しい反響を生まなかった。これとは対照的に、彼が『本性論』の反省に基づいてエッセイスタイルで書いた『道徳政治論集』（一七四一―四二年）、また大部の『イングランド史』

（全六巻、一七五四―一七六二年）は反響が大きく、ヒュームはこれらの著作でヨーロッパ中に知られるようになった。とくにフランスの哲学者たちは、ヒュームの洗練された文体と該博な知識、歴史感覚を高く評価した。彼は『イングランド史』の著者として、ヴォルテールら啓蒙思想家たちに歓迎され、何度かフランスに滞在している。

フランスとの関わりで言うなら、ヒュームとルソーは全くの同世代で、ヒュームがわずか一歳年上なだけだ。ルソーはこのころフランスの啓蒙哲学者たちと険悪になっていたが、親切心からルソーをイギリスに呼び寄せたヒュームとも、一七六〇年代にひどいけんかをした。このことは日本でも『悪魔と裏切者』（山崎正一・串田孫一著、巻末の文献案内参照）などの著書で知られている。

二人はありえないようなののしり合いをし、しかもヒュームの側がのちにそれを公刊した。このけんかは直接には、ルソーの被害妄想に近い思い込みにはじまる感情の食い違いによるものだ。だが彼らの思想が、同じ時代を深く鋭く捉えながら逆方向に進んでいくことと、無関係とは思えない。二人の人間が修復できないほどの仲たがいに至るとき、そこにはやはり、世界の捉え方や価値観の根本的な相違がひそんでいるのではないだろうか。

このことは、ルソーの思想を語る際に再度取り上げることにする。以下では、約束の思想の批判者としてのヒュームを、社会契約論と対比させて論じていく。ここで社会契約論とは、ホッブズや人民主権論、契約論的自然法思想、そしてロックなど、約束を政治秩序の根拠とする思想一般を指している。だが、約束を統治と支配のはじまりに置き、政治秩序の根幹に据えた最初の思想家はホッブズだから、ヒュームの契約論批判はホッブズ批判だと言うこともできる。

そして、このあとルソーについての章で、「ヒュームに抗するルソー」として彼ら二人を対比する。つまり、ホッブズとルソーの間に反社会契約論者であるヒュームをはさむことで、社会契約論の特徴を際立たせるのがねらいだ。ヒュームとルソーは同時代人だが、約束についての議論を含むヒュームの『本性論』第三巻が一七四〇年刊であるのに対し、ルソーの『社会契約論』は一七六二年にはじめて刊行された。したがって、著作の年代順からも、ヒュームをルソーの前に論じるのは自然だ。

ヒュームを論じるにあたって、最初に社会契約論批判として有名な「原初契約について」を取り上げる。これは『道徳政治論集』第二版（一七四八年）に収録されたエッセイである。つづいて『本性論』を参照する。『本性論』は、第一巻から第三巻へと、知性→情念→道徳という順序で話が展開していく。そのため、前の部分が分からないと後ろがなかなか理解できず、難解で読みにくいという印象を持たれている。

だが、彼の主著はやはり『本性論』だ。この著書でヒュームは、人間の知性、情念、そして道徳がいかに複雑な諸側面を含むかを、「連合」の理論（簡単には、何かと何かを関係づける心のはたらきの理論）と「感情」への注目を軸に、周到かつ明晰に論じている。じつは叙述そのものは平明で、順番に読み進めればそれほど難解ではない。ヒュームは、哲学の前提知識がそれほどない人でも、一つ一つの論理を辛抱強くたどっていけば相当複雑な主張も理解できると信じ、この著書で最大限の配慮をしている。その意味でまさに「啓蒙の文体」をもって書かれたこの周到な著作を、彼が二〇代で完成させたことを知ると、その強靭で粘り強い思考と視野の広さにあらためて驚嘆させられる。

## 1　秩序の起源はどこにあるのか

### †「原初契約について」――社会契約の批判

ヒュームが社会契約を論じた最も有名な文章は、「原初契約について」だろう。このエッセイは、ケンブリッジ大学出版会から出ているヒューム『政治論集』では計一六頁と、それほど長くはない。だがここに、ヒュームは『本性論』第三巻のいくつかの箇所で検討した論点をほぼすべて盛り込んでいる。

そのためこの文章は、ざっと読んだときの印象と比べてかなり複雑な内容を含んでいる。このことは、タイトルそのものにすでに表れている。「原初契約について Of the original contract」の「原初 original」を、ヒュームは少なくとも二つの文脈で用いているのだ。

一つは、契約が現行の統治の起源にあったかどうかを問う、歴史的な文脈である。言い換えると、実在する統治や支配の起源を、史実に基づいて契約だと言える事例があるかという問いである。たとえば、当時のイギリス政治体制の起源をたどっていくと、そこに原初の契約を見出せるだろうか。ここで original は、最初の、起源の、はじまりの、という意味で用いられている。

もう一つは、統治や支配の起源を約束 promise や契約に求めることは、原理的な観点から妥当かという文脈である。ここで原理的観点とは、ヒュームが人間本性とみなす、誰もが共通して持つ傾向や能力を出発点とした場合に、社会秩序がどうやって生まれるかという問い方のことだ。つまり、秩序の発生を史実以前にまでさかのぼって、「人間本性のこういう特性を考慮するなら、社会秩序はこのようにして生まれたはずだ」と推論する。その場合に、約束や契約は本当に必要なのか、約束に社会秩序のはじまりや根拠を求めるのは妥当かが問われることになる。ここで original は、根源的な、根本的な、という意味で用いられている。

このエッセイの複雑さは、originalという語が含むこうした二重性自体に表れている。そこで、まず分かりやすい方から解説していこう。それは、最初に挙げた文脈での original、つまり史実として契約があったかを問う論点である。

これについてのヒュームの主張はシンプルだ。彼は、現存する統治や支配が、人民の合意 consent によって成立した事例など、見たことも聞いたこともないと言う。それどころか、新しい政治体制が生まれるときほど合意が軽視される場合はない。というのも、統治の起源には、革命や征服、政治的な動乱があり、その場合に支配者を決するのは合意ではなく、軍事力や政治的な策略だからだ。秩序の生成期の不安定を考えれば、人民の合意が顧慮される余地などどこにもない。

この、力による支配の樹立と恐怖による服従というのが、ヒュームが約束や合意に代えて支配の起源として提示するものだ。ヒューム自身の明快な文章を見ておこう。

「人間世界の出来事にこうした合意が認められるはずはないし、合意らしきものさえめったに見られない。むしろ征服、簒奪、あからさまに言えば力が、古い統治を解体し、これまで世界に現れたほぼすべての新しい統治の起源となった」（『道徳・政治・文学論集』三八一頁。以下、引用元の頁はすべて邦訳書による）。

統治の起源を力によって説明する一方で、ヒュームは、服従の理由についてもかなり割り切った主張をしている。たとえば彼は、世界のどこを見渡しても、たいていの臣民は、特定の君主に生まれつき忠誠の義務があると思いこんでいると言う。多くの人は、重力や抵抗の原理がなぜ妥当するのか、それはどこから来るのかを深く考えない。それと同じように、なぜ特定の主権者に服従するのかを深く追求しようとは思わないのだ。世の中の大勢はこのとおりなのだから、もし万一彼らの前で、政治的支配服従関係は合意や約束に基づくなどと主張しようものなら、たちまち投獄されるか、あるいは気が変になったと思われて監禁されるのが落ちだ。

## †社会契約は無効か?

私がはじめてこのエッセイを読んだとき、現存統治の起源と服従の理由についてのこのリアリスティックな言明が、最も印象に残った。たしかに、日本国憲法にいくら国民主権が明記されていても、私はこの国の国民になることにも国民主権についても、承認も約束もした覚えはない。天皇が国の象徴であることも憲法の条項も、納得と合意の上で受け入れたわけではない。ましてや約束を通じてこの国に「入った」記憶はない。そもそも憲法の条文だって、ろくに読んだことすらないのだ。

実際には、支配は征服によって成立し、骨肉の跡目争いや政治抗争を通じて定まってきた。その果てに現在の体制があるわけだ。こんな身もふたもないことを言われてしまったら、社会契約論は終わりだなと思った。

だいたい、社会契約なんてリアリティのかけらもない。誰が契約したのか、したやついるなら手を挙げてみろ。これがヒュームの言い分だ。戦後の日本では、長らく国民＝契約当事者＝主権者という契約論的な前提はどこかで自明視されてきたように思う。私たち国民一人一人が主権者ですだとか、国の一員として政治意識を持ってだとか、主権者かつ市民としての責任ある行動と政府への批判の目を養うべきだとか、そういう語り方は今でもされている。

でも、誰も実際に契約した人などいないなら、こうした言説は全く無効になるのではないか。この分かりやすい疑問に答えることが、社会契約論にできるだろうか。契約した人などいないのに、契約こそが秩序の起源だと言うことに何の意味があるのだろう。

## †契約の存在を「事実として」否定したあとに、何が残るのか

たしかに、これはものすごくインパクトの強い契約論批判だ。だが、ヒューム自身、この批判ですべて終わるとは考えていなかった。というのも、統治や支配の起源は、事実としての征服や簒奪なのだ、だからそれを認めればよいと言えるだろうか。そうは行かない

のが現実だろう。事実がすべてを決するのであれば、政治に関する思索など無意味だ。支配者がどんな理由で何をすることが許されるのか、あるいは服従の限界はどこにあるのかなど、そうなってしまったらそうだ、という答えしかないのなら、考える余地もない。

だから、たとえ現存する統治の起源に事実としての力があったとしても、現行の統治の是非や服従の限界について、何の基準も与えなくていいわけではない。人が政治社会に生きる以上、何が正しい政治的行為で、何が正しい統治なのか、そこにどのような基準があるのか、服従の限界はどこにあり、それはどのような理屈で定められるのかを問うのは当然だ。人間がどんな隷従も理不尽も甘んじて受け入れるのでないかぎり、統治と支配の正統性をめぐる問いが消失することなどありえないのだ。

社会契約論は、正統性をめぐる問いに答えるにあたって、約束という基準を設けた。人は約束によって政治秩序に拘束される。だから、約束の条項が守られないとき、政治社会は瓦解する。あるいは、自ら約束を破棄するとき、その人は政治社会の外部に出ることになる。

ホッブズは、約束だけが秩序の起源となり、その正統性を保証することを明示した最初の思想家だ。ただし、それが共同体に参加する個人の自由意志による以上、約束の根拠づけの力は不安定である。約束しない自由、またそれを破棄する可能性がつねに残されているからだ。だが、一対一の信約が多数集まって生まれる秩序は、無数のつながりと信頼と人々の間に働く引力からなるため、きわめて頑強でもある。これがホッブズの言ったことだ。

ヒュームはこの、政治秩序の究極の根拠は約束だという思想を、全面的に否定しようとした。そのため彼は、歴史と事実に訴えて、契約などどこにもなかったし誰も約束などしていないと主張する。(5) だがヒュームは、こうした「事実に基づく」批判で満足していたわけではない。彼がこれほどあからさまに契約論を批判できたのは、別の背景があったからだ。約束や契約に代わって秩序の起源を説明できる、全く別の道筋があると考えていたのだ。

ヒュームは、統治の原理的な（必ずしも史実とは関わらない）起源について、約束とは別の説明を与える。このあと詳しく見ていくが、ヒュームの説明法によると、約束と統治（政治的支配・政治秩序）は、同じメカニズム、同じ理由と必要によってではあるが、別々の回路でそれぞれ人間社会に導入される。だから、そこには先後や因果の関係はなく、約束が統治を生むのではない。むしろ、両者を別々に生み出す、人間本性に根ざしたもっと根源的な（original な）秩序生成のメカニズムがあるのだ。

ヒュームはそのメカニズムをどのようなものとし、どう説明したのか。これが「原初契約について」における、original の二番目の語義に関わるヒュームの秩序論である。そこで次にこれを見ていくことにする。ただし、この点についてのヒュームの説明は、史実として統治の起源に契約などないという主張と比べると、はるかに複雑で錯綜している。

そこで以下では、体系的で明快な原理的説明を与えている『本性論』での叙述を中心に、まずヒュームにおける約束の位置づけ、つづいて彼が約束に代えて導入した統治の起源を見ていくことにしよう。

## 2 コンヴェンションとホッブズ問題

### †ヒュームにおける約束の限定

統治について論じる前に、約束の位置づけを見ておかなければならないのは、次の理由による。約束を限定的な意味でとらえることと、約束に代えて「コンヴェンション」を統治のはじまりに置くこととは、ヒュームの中ではセットになっているからだ。

「だが、なぜ約束を守らなければならないのだろう」。これは、「原初契約について」の中で、ヒュームが投げかけた問いである。彼はときどき、シンプルでストレートな問いを自身の文章の中に挿入し、それに答えながら議論を進める。この場合、この問いへのヒュームの答えは、約束が守られなければ商業や貿易を安心して行えないというものだ。その利益をちょっとでも顧みるなら、約束を守る理由として、社会的必要や便宜をすぐにも見出すことができるという。

同じ箇所でヒュームは、法や為政者や裁判官を制度化する統治の仕組みもまた、社会的な必要から要請されると主張する。したがって、彼の主張の骨子はこうだ。約束が統治を生むのではなく、約束と統治という二つの仕組みはどちらも、社会の「一般的利益 general interests」というもっと根本的なものによって生み出される。

人が統治に服するのは、そうでなければ社会が存続できないからであって、約束を守るためではない。つまり、約束と統治は社会的必要によって考案され、別々の経路で生まれる二つの独立した社会制度なのである。

ここでのヒュームの約束の位置づけは、特異なものである。ヒュームは、「約束」ということばで通常考えられるよりも、ずっと狭い場面にその範囲を限定している。それは、商業や通商、あるいは商取引における定型化された契約だけを指しているようなのだ。ヒュームは『本性論』第三巻第二部第五節で、約束とはある行為を実行するよう拘束する、一定のしるしを用いた言語表現だと言っている。分かりにくいが、たとえば売買契約書などを見ると、そこには特定の表現を用いた「約款」が書かれていて、サインや捺印を同意のしるしとすることで契約が成立する。ここで想定されているのは、そういう決まった書式を備えた文書や口頭表現だけなのだ。

## †情愛の関係と約束の関係は分けられるか

この約束の定義は、とても狭く感じられないだろうか。私はこの本で、約束という言葉をもっと広い意味で使いたいと考えている。日常のさまざまな場面で人と人とが交わる際の、関係の一様式として。これは社会契約論という、約束を政治社会の形成という特別な場面で用いる言説を、日常にしばしば見られる約束の光景、互いを拘束することでつながりを求める方法としての約束一般と結びつけるためだ。それによって、ぱっと見には大仰で近寄りがたい社会契約論が、人と人とがとり結ぶ根源的な関係としての約束一般と、少なくともイメージの上ではつながると考えるからだ。

ヒュームは、日常的なつながりのうちに約束の関係を認めない。それは次のような理屈による。友だちを援助したり、愛情から子どもの世話をする場合、私たちは見返りを求めてはいない。援助された側も、友情や愛情からお返しするだけだ。また、困っている人を見かねて助けるのも、仁愛という自然な徳による。だから、これらは対価を求めての取引＝約束の実行ではない。逆に言うと、利益を動機とする約束だけが約束なのだ。この指標によって、ヒュームは約束と、情愛に基づく人間関係とを区別する。

ぱっと読むとなるほどだが、よく考えると本当にそうなのだろうか。利益という動機は、約束と情愛の関係を区別するための納得できる指標だろうか。たとえば、女性が男性にプレゼントをあげるとき、倍の見返りを期待しているとよく言われる。もちろん当事者はこの関係を「愛の関係」と認識していて、とくに問題を感じていないかもしれない。だがこれは、外から見れば強いプレッシャーと拘束力を伴う「暗黙の約束」の一種だ。マルセル・モースが言うように、「見返りを期待しない贈与などない」のだから。

もっともこんな例は些末なもので、男女の関係なんて結局は取引だと思う人もいるかもしれない。では、無償の愛が最も発揮されやすい関係、親子間ではどうだろう。私は息子や娘とよく約束をする。もちろん無償に近い愛情があるから、男性にプレゼントをあげるときのような妙な期待はしない。でも、約束という関係の特徴は、ここにもちゃんと表れている。子どもをどこかに連れていく約束の場合でも、目標を決めて勉強させる代わりにごほうびを約束する場合でも、互いが互いを拘束しあい、未来に向けて行動を規制するという特徴に変わりはない。

このように、約束はさまざまな場面で結ばれ、結果として多種多様な関係を生み出す。つまり、情愛の関係と約束の関係とを、すっぱり分けることなどできないのだ。ところがヒュームはそれらをあえて厳密に区別し、商取引をモデルとする狭く定型化された契約関係だけを約束とするのだ。

こうしたヒュームによる約束の限定は、他方で、政治秩序についての次のような考えにつながる。彼は約束が統治や支配のはじまりを作るという社会契約論の主張を批判した。約束が政治共同体のはじまりだなんて、ヒュームにしてみればありえないことだ。そもそも彼にとって約束は、私人間の商取引だけに関わるのだから、それが政治共同体、つまり「公」を何もないところから生成するというホッブズのような立論は、全く受け入れがたい。

ヒュームは、約束の範囲と働きを限定することで、それが社会ではたす役割がさほど大きくないと主張する。彼は、人間関係が身近な人々を越えたところでも平和にそして相互利益にかなうようなものになるには、約束ではなく「コンヴェンション」があれば十分だと考えていたのだ。

## †コンヴェンションの導入

ヒュームは、友情や愛とは無縁の間柄、生身の個人としては一生出会うことすらない関係においても、社会的ルールが生成し守られる理由を説明したいと考えた。彼がこの課題に取り組んだのは、商業と通商、あるいは人間同士の交流や交通一般が、飛躍的に複雑になり地理的にも広がりつつあった時代と関係している。ヒュームは自己利益の拡大を目指して見知らぬ人との間に取引関係を結ぶ場合にも、人々に共通のルールが通用することを示そうとした。

『本性論』第三巻第二部第五節で、彼はまず約束がないことの不便から説き起こす。たとえば、ある人の畑の麦は今日刈り入れどきで、私の畑は明日刈り入れるのがちょうどよいとする。そして、どちらの畑も一人では間に合わない仕事量を必要とする。その場合に、その人と自分が知人でも友人でもなければ、互いを思いやる気持ちは一切ない。だからどちらも相手の感謝を当てにしても裏切られるだろうと予想して、相手を助けず、結局両方が麦を無駄にする。だが、そこに定型化された約束＝取引関係があればどうだろう。互いを思いやる気持ちがなくても、私はその人と協力し合えるようになる。

つまり、約束の利益に人々が気づくことが、約束という制度が導入される最初の一歩なのだ。このメカニズムをさらに詳しく見ていこう。ヒュームは、約束の利点には、どんな野蛮で未開の人間でも気づくと言っている。それは人間が本来備える能力によって、誰にでも発見できるからだ。どんな短い間でも他者との共同生活を経験すれば、誰でも約束を守ることの利益に気づく。これをヒュームは「利益の感覚 sense of interest」と呼ぶ。そして、その感覚を他の人たちに向かって表すだけで、人々は協調し、コンヴェンションの下で生活することができるのだ。

コンヴェンションとは何だろう。ヒュームは別の箇所で、それを「共通の利益に全員が気づくこと」と表現している。社会のすべてのメンバーは、この気づき=感覚を表現し、自分の行為を一定の規則に従わせるようになる。それがたとえば約束の遵守という規則である。したがってコンヴェンションは約束ではなく、約束より前にあるのだ。

コンヴェンションとの対比の文脈では、ヒュームは約束の意味でpromiseの語を用いている。promiseとコンヴェンションの語義の違いは、辞書的なレベルでは次のようなものだ。コンヴェンションは合意で、契約の意味でも用いられるが、必ずしも明示的な誓約やことばなどの外的なしるしを伴わなくてもよい。それは「暗黙の合意」でもありうるし、明示的な契約でもありうるということだ。これに対して、promiseはpro（前へ）とmise（置くこと）からなり、目の前に差し出された明白な宣言を伴う約束を意味する。つまりヒュームは、制度化された文脈の下で宣言を伴ってなされる約束ではなく、もっと自然発生的なコンヴェンションの方が、秩序の起源にふさわしいと考えたのだ。

ヒュームはコンヴェンションの例として、一艘のボートをオールで漕ぐ二人の人を挙げている。彼らはあらかじめ打ち合わせをすることも、約束を交わすこともない。それでも協力してボートを進めることができる。また彼は、言語と金銀貨幣の例も挙げている。

つまり、誰もが備える人間本性の能力によって、人々が共通する利益の感覚を持つ。その感覚に導かれて、みなが同じ規則やルールに従うことに自分が利益を感じていることを表現する。互いに他の人の表現を見てとった人々はルールを守り、それによって実際にルールが通用するようになる。この一連のプロセスによってコンヴェンションが成立するのだ。

## †社会契約とコンヴェンションの異同

以上のようなヒュームのコンヴェンション論を、社会契約における約束と対比してみるとどうなるだろう。コンヴェンションは契約＝約束とどう違うのだろう。

まず、ヒュームにおいてコンヴェンションが生まれるのは、すでに何らかの共同性が成立している場面である。そこには、互いの意図を読み合って、自分と同じ利益を感じているに違いないと思えるだけの共通性を持った他の「メンバー」(という言葉をヒュームは使う)が登場する。もちろん彼らの多くは見知らぬ人たちで、互いに特別な関心を持たないだが、取引や契約による相互利益は見込まれている。

次に、コンヴェンションが発生するのは、一定の時間が経過し試行錯誤が経験されることを通じてである。約束遵守に利益の感覚を持った誰かが、最初に約束を守ってみる。すると、それに応じて他のメンバーも約束を守る。この経験がくり返され、その便益が実感されることで、約束遵守は徐々にルールとしての地歩を固める。もちろん逆に、約束が破られる場面も生じる。その場合、それによる損失と不都合が実感されることで、逆に規則の必要性がいっそう強く認識されるのである。

さらに、コンヴェンションは約束と異なり、必ずしも言葉で表明される必要はない。たとえば、ボートのオールを漕ぐ向きについて、自分はこっちに漕ぐとわざわざ言わなくてもコンヴェンションは成り立つ。そこで他の人と逆に漕ぐやつがいたら、それは「空気が読めない人」だ。同様に、約束を守ることを宣言しなくても（これはいわば「約束を守るという約束」にあたる）、その意図が表現され他のメンバーに了解されていればよい。要するに通じればいいのであって、決まった書式や定型句で言明される必要はない。

以上のようにまとめるなら、ヒュームのコンヴェンションには、社会契約と異なる部分と共通する部分がある。まず、コンヴェンションの背景には、一定の社会的な共同性というか、相互利益を生み出す取引が成り立つ前提としての「平和」がすでに成立している。ホッブズの場合のようにいつ殺されるか分からなければ、意図の読み合いに失敗する経験も込みで試行錯誤する余裕はない。だが、平和のもとでなら、人は相手の出方を探り、試

**ヒュームのコンヴェンションとホッブズの社会契約の異同**

| | コンヴェンション | 社会契約 |
|---|---|---|
| 社会生活 | すでに一定程度成立 | バラバラの自然状態から作る |
| 成立の形式 | 言葉がなくてもよい | 定型化された言葉か意思表示 |
| 相手との関係 | 期待に応えることを予測 | 約束を交わせるかどうか不確実 |
| 秩序の成り立ち | 意図の読み合いとその成功 | 秩序が成立するかどうか予測不能 |
| 秩序生成に必要な時間 | 一定の時間をかけて徐々に秩序が生成する | 一度きりの約束で一気に秩序が生成する |

しに約束を守ってみることができる。ホッブズの場合と違って、ひとたび信約が破られるとたちまち自然状態に舞い戻るわけではない。

それでもやはり、ここで相手が期待に応えるかどうか、約束の遵守を同じ行為で返すかどうかは、やってみなければ分からない。約束を守ったのに殴られるかもしれない。ヒューム自身、誰かが最初に規則を守るのは、相手もまた自分の期待したことを実行するという仮定があるからだと認めている。ではその仮定はなぜ成り立つのだろう。

ヒュームなら、人間であれば誰でも分かる利益の感覚によってと言うだろう。しかしホッブズの場合も、相互利益は目に見えている。死ぬより生きている方がいいに決まっているからだ。それでも信頼に基づく行為を踏みとどまらせる、武器を捨てれば殺されるかもしれない、裏切られるかもしれないという不信感や恐怖を断ち切る最後の一歩がどこにあるかを、ホッブズは問わざるをえなかったのだ。

ホッブズはこれを、一回かぎりの信約に見出す。これは明確に定められた条項を持つ約束、ヒュームのコンヴェンションと対比するなら宣言を伴うpromiseだ。ヒュームは原理的かつ史実以前に、必ずしも言明されないコンヴェンションが試行錯誤の中で徐々にルールとなっていくプロセスが、約束の制度化の前に生じていると考える。こう書くと、両者には一見とても大きな違いがあるようだ。だがよく考えると、実はヒュームのコンヴェンション論にもホッブズ問題が潜んでいて、違いは最初の見かけほどではないのだ。

### †ヒュームとホッブズ問題

コンヴェンションがなぜ生まれ、安定して守られる規則となるのか。それは人間たちが同じような利益の感覚を持ち、相手もそれを持っていることを見てとるからだ。だが、反対のことが起こらない保証があるのだろうか。もちろん人間はみな互いに似ているし、とくに知らない人同士が関わる場合には、誰もが自己利益の実現を期待していると想定するのは当然だ。そこを疑うつもりはない。まともに考えれば(ホッブズなら一種の理性的推論によって、ヒュームなら「穏和な情念」と呼ばれる小さな短期的利益より大きな長期的利益を優先する情念によって)、約束は守っておいた方がよいことはすぐ分かる。

それでもなお、相手が逆の行動をとることを恐れて躊躇《ちゅうちょ》するとき、それを飛び越えるきっかけとして、ホッブズは最後の一歩を踏み出す約束を置いた。誰もが頭でその利点を理解していても、約束というはじまりがなければ、いつまでも秩序は生まれない。ひるがえって考えると、ヒュームのコンヴェンション成立過程ではじめに約束を守ってみる人は、ホッブズの最初に武器を捨てる人とそれほど違わないのではないか。

実際コンヴェンションは、暗黙のルールや黙約などと訳されることもあるが、「合意」と訳されることもある。合意は日本語では、契約や約束としばしば結びつけられ、同意とほぼ同じ意味で使われている。ただ、ヒュームは約束を商取引に限定しているため、約束とそれより広い意味を持つ合意とは、『本性論』の議論の中では区別できる。

しかし約束の語は、一般的な用例では、すでに説明したとおり経済的取引とは異なる日常的約束を含む広い意味で用いられている。この場合の約束は合意を含んでいて、合意を言葉で表すことが約束だと考えられている。そのため合意と約束との意味の境界はあいまいだ。一方で、何も言わないことが承諾を意味する「黙認」もまた合意の一種であることを考えると、相互の意思表示が必要な約束とは、やはり違っている部分もある。他方で、合意は意思表示や約束の定型的な表現の中にはないかというと、そんなことはない。約束の中に必ず合意が含まれているからだ。

話がややこしくなってしまったので整理しよう。要するに、ヒュームのコンヴェンションとホッブズの契約との違いは、秩序の最初のきっかけとしてヒュームが約束を必要としない点にある。その理由は、すでに平和がそれなりに保たれている状態で、人々が相互利益のために行動しようとする場合、相手が全く期待に反する行動をして自分の利益が大きく損なわれるとは、あるいは少なくともそんなことがずっとつづくとは考えられないというものだ。だから約束ぬきに、人々は気づいたら秩序とルールを守っている。ホッブズの場合には、ひどいと殺されてしまう。そうなったら自己利益もへったくれもないので、殺し合わないための強い拘束力を持つ明示的な約束が必要なのだ。

## †「原コンヴェンション」の想定

ここでヒュームは、コンヴェンション成立以前に依拠できる、ある種の「原コンヴェンション」を想定しているとも言える。他者との間に共通する行動の想定が全くなければ、自分の心にある利益の感覚から、他者も同じ感覚を持つと期待する理由もないはずだからだ。

こうして、ヒュームは自身の秩序生成論に潜むホッブズ問題の契機、つまり秩序が成立しない可能性を隠してしまう。秩序への期待が全面的、持続的に裏切られる可能性は事前に摘みとられている。

だがここでヒュームは、ホッブズ問題の在処に一度は限りなく近づいてもいるのだ。彼は、原理的な説明に際しては、歴史的・経験的な事実に決して依拠しなかった。彼もまたホッブズ同様、人間の自然な本性に立ち返るところから秩序を理解しようとしたのだ。それを徹底するとき、ヒューム自身もホッブズ問題が惹起される場所へと接近する。コンヴェンションが成立するには、他者の行動に対してそれ以上根拠をさかのぼることができない期待が必要だということ。そしてその期待が裏切られれば、コンヴェンションは成り立たないかもしれないということ。ヒュームのコンヴェンション論には、こういう危うい地点があらわになる瞬間がある。

だがヒュームは、すでにある平和へと訴えることでホッブズ問題の顕在化を避ける。言い換えると、自己利益と他者の利益を共存させる道が、全く見知らぬ人の間ですらある程度認められている状態が前提なのだ。つまりヒュームは、来るべき商業社会、個人の財産と所有と通商と経済活動が何より尊重されている状態、要するに経済的繁栄のための平和追求が共通の目標となり、その意味であるべき社会像がすでに共通了解となっている場合の秩序だけを、検討対象としたのだ。

宗教戦争の時代に生きたホッブズが、生命の危機という究極の状況を終わらせるために秩序論を構想したのに対して、ヒュームは経済と富の時代を予感した人だった。彼は、そこでは所有と取引の利益が共有された価値となることを疑わなかった。

同じ理由でヒュームは、統治や政治的支配にとっても約束は不要であると考えた。ホッブズは、約束によってのみ「公」が生成し政治社会が作られるとした。だがヒュームは、ここでもやはり原理的な説明において、約束ではなく利益の感覚が、統治を生み支配者を受け入れさせると説くのである。

話がとても複雑になってしまって申し訳ないので、ここまでのヒュームの議論を簡単にまとめておく。ヒュームのコンヴェンション論には、コンヴェンションを成立させるコンヴェンション、いわば「原コンヴェンション」のようなものが想定されている。なぜ彼がこういった「原秩序」のようなものを想定できたかというと、やはりヒューム自身が商業社会の到来を実感していたからなのだ。

そこに生きる人々は、互いの利益への期待が共同の行動（ボートを漕ぐ方向の一致のような一種の「協働」）をとらせることを知っている。彼らにとって、他者もまた分業と協働による共通利益に期待するのは当然だ。だから他者が自分と似たような行動パターンをとるに違いないという期待は合理的となる。つまりヒュームが想定する人間たちは、富と商業の価値が広く認知された状態、つまり文明化された社会 civilized society に生きる人々なのだ。ヒュームが知りたかったのは、こうした文明状態にどのようなプロセスで約束や政治秩序が持ち込まれるかだった。

ここまで押さえておいて、次にヒュームにおける統治と政治共同体の成り立ちと位置づけを見ていくことにしよう。

## 3 政治社会と文明社会

### †統治の原理的な起源は約束ではない

すでに述べたように、ヒュームは約束と同様、統治も利益の感覚から生じたとしている。このことは、『本性論』第三巻第二部第八節では、次のように説明されている。人間の生存には社会が必要だ。ヒュームの想定では、人は何らかの社会の中でだけ生きられる。だが社会は、人間が自分だけの目先の利得にとらわれていては存続できない。むしろ個人個人が目の前の利益をあきらめてでも、他者の利益と自分の利益を長期的に両立させる方法を探らなければならない。

このためのルールがコンヴェンションを通じて見出され、所有と約束が守られることはすでに述べた。それなら政府はいらないんじゃないか。だがここでヒュームは、「大きな、発達した社会」は、それぞれが私的な利益を追求するため、まとまりと求心力に乏しくなり、自分たちの力だけでは規則を遵守することが難しいという論点を導入する。

たしかに、社会が大きく複雑になるにつれ、他のメンバーも自分と同じことに利益を見出すと想像する力が弱くなるかもしれない。あるいは、個別利害を離れて遠くから自分を見る、ヒュームの言葉では「一般的な観点」に立って自分の行為を見直すといったことが、社会が大きく複雑になるほど困難になるかもしれない。また、多種多様な人が入ってくることで、規則を平気で破り、自分だけが得をして社会的制裁を免れようとする人が多数出てくるかもしれない。

こうした規則違反や秩序の動揺を防ぐために作られるのが、統治あるいは政治社会である。統治や公権力なしには、所有権が侵害され約束が守られないかもしれない。大きな社会が秩序と協調を保つためには、私人同士の約束の制度と、それに違反した場合の信頼喪失という制裁だけでは弱すぎる。だから統治が、一人一人の利益のために必要とされるのだ。このように、統治の本来の目的は個人の自己利益の実現なのだが、それが公的・政治的な組織となることで、統治体や政府は公共的利益の体現者となる。

ここでヒュームの議論は、ふたたび社会契約論にある地点まで接近する。そしてそこから急いで距離を置くのだ。

ヒュームは約束を私人間の取引関係に限定する。そして約束を守るため、また所有と財産が守られるためには、私人間の関係の外部に統治体が必要だと言う。これは言い換えると、統治の設立を、個人個人の利益の長期的で安定した実現という「一般的利益」の観点から正当化しているということだ。

彼の言っていることは、ここだけ取り出すとホッブズとあまり変わらない。約束を守り所有を確定することが、社会の平和と存続にとって必要である。でも人はそう簡単には約束を守らないし、隙あらば人のものを奪おうとする。だから外部に統治者を立てて、約束の遵守と所有権の保全とを確実にする必要がある。この議論の運びは、ヒュームとホッブズでそれほど違わない。

だがヒュームは、ここでもやはり統治は約束 promise から生まれるのではないと強調する。さらに、統治の設立と同時に服従する側に生じる、政府や支配者への忠誠の義務について、これもまた約束とは無関係だとくり返す。

つまりヒュームの主張は、約束を守らせるために統治が必要だが、統治そのものは約束によって生まれるのではないというものだ。そして、支配者への服従と忠誠もまた、約束から生まれるのではない。それは原理的には、服従する側が統治から得られる利益に気づくこと、約束の場合と同じく利益の感覚を持つことで生まれる。約束と所有を守ることが、政府の強制力によって確かなものとなり、社会に平和と秩序が保たれる。この制度が自己利益と社会的利益にとってこの上なく有利であると、一人ひとりが気づく。それによって統治に関するコンヴェンションが生成し、統治が承認されるのだ。

ここまでの議論をまとめると、原理的には、約束も、統治も、服従や忠誠の義務も、コンヴェンションから生まれる。そこでの秩序形成のプロセスは、すでに一定の平和が保たれた状態を前提として、人々が自己利益と他者の利益との共存をはかり、よりいっそう安心して利益を追求するために、秩序と平和の利点に気づくことからはじまる。こうした「利益の感覚」に導かれて、約束を守ること、統治権力を打ち立て、それに服従することを人々が表明し、自ら規則に従う。そして、互いに約束を守り統治に服するという経験を通じて、それらの規則と秩序が強められていく。この全体が、約束と統治をめぐって、コンヴェンションを通じて安定した秩序が成立するプロセスである。

約束を守らせるために必要となる政治的な強制力は、ホッブズが言うように約束から生まれるのではない。それは、「利益の感覚」を通じたコンヴェンション形成という、約束とは別の経路を通じて確立する。

人々が自己利益の安定した実現を望むこと、そのために統治者を外部に立てようとすること、こうした論理展開がホッブズと共通していることはすでに指摘した。そうなると、統治の原理的起源に関する両者の説明の違いは、なぜ統治が必要かの理由ではなく、はじまりにおける約束の有無に収斂していく。ホッブズとの共通性が、ここに見られるように、統治が必要とされる理由に留まるなら、たしかにヒュームの議論は、統治がどうやって生まれるかという点についてはホッブズと異なる。約束と統治を分離するという当初の構想は保たれているからだ。そうすると、一見したホッブズとの類似という問題は、ここで解消されたように思える。

**†「だが、やっぱり約束があったかもしれない」って、どっちなんだよ⁉**

ところがここで、読者を混乱させて恐縮だし、私自身とても戸惑うことを言わなければならない。ヒュームは統治と服従の起源として、遥か昔のはじまりにはたしかに約束promiseがあったと言うのだ。たとえば、「統治は、最初に確立される際には……約束の実行に関する法から、その責務を引き出す」「人々が平和を維持し正義を執行するために統治が必要であることをひとたび見てとったときには、人々は自然に一堂に会して、為政者を選び、その人たちの権力を定め、その人たちへの服従を約束するであろう」（第三巻第二部第八節）。「当初は、為政者たちの権威は、臣民が服従へと自らを拘束する約束という基礎の上に立っている。これは他の契約や約定の場合と同じである。つまり、人々を拘束して服従させるその同じ約束が、人々を特定の人物に結びつけ、その人を忠誠の対象とするのだ」(『本性論』第三巻第二部第十節、強調原文)。

あんなに必死に約束から統治は生まれないと言ってきたのに、結局ここで統治のはじまりに約束の存在をあっさり認めてしまうとは、いったいどうなっているのだろう。これが統治に関するヒュームの議論の中で最も不思議なところだ。そこで、この謎を解くことを通じて、約束と統治と政治秩序のはじまりをめぐるヒュームの議論の戦略的組み立てを、全体として見通したいと思う。

彼の議論の特徴を示しているのは、たとえば次の点だ。ヒュームの論述を注意深く読むと、彼は服従や忠誠に関しては約束があったと言うけれども、支配者の側、統治者の側が、支配の条件について約束するとは言っていない。つまり、約束は一方的な服従と忠誠の誓いであって、統治の正統性とは関わりがないかのようなのだ。ヒュームは実際、統治に関して、忠誠の義務の根拠と限界については述べるけれど、支配者の側の義務については何も語らない。あまりにひどい支配者に対しては、人々はもはや利益の感覚を持つことができないので、服従の義務が消滅すると言うだけだ。

服従や忠誠の義務とその限界というヒュームの語り方には、彼の戦略が表れている。基本的に被支配者の側には服従の義務がある。それは利益の感覚によって形成されるコンヴェンションに基づき、また、服従の約束に基づく。だから簡単に破られるべきではない。さらにこの約束は、君主や統治者に対する服従契約だが、統治者の側が何かを誓ったわけでも、約したわけでもない。だから彼は、支配服従契約とは決して言わない。服従の約束、忠誠の義務とだけ言うのだ。

だがこれは、よく考えれば実効性としては支配服従契約と変わるところがない。支配者の側にも、社会メンバーの利益を損なわないような秩序と平和を維持する、つまり約束と所有の保護を十分に行うという条件が、実際には課されているからだ。それが守られなくなれば、服従の義務は消滅し、革命や体制転覆が起こりうる。

ヒューム自身それをある意味では認めている。「利益が統治に直接の承認を与えるのだから、利益がなくなれば統治も存続できない。公の為政者による抑圧が激しすぎて、その権威が完全に堪え難くなる場合はいつでも、われわれはもはやその権威に服従する拘束を負わない」(『本性論』第三巻第二部第九節)。この議論は、ホッブズにおける自然状態の再来とも、ロックの抵抗権論とも何ら変わらない。

## †商業社会の発展が文明化をもたらす

それでもなお、ヒュームが約束と統治を分けようとしたのはなぜか。また彼が、史実以前にあった根源的な約束を認めながらも、それを一方的な服従と忠誠の約束へと限定したのはなぜか。これまで述べてきたことはすべて、この問いに答えるための複雑な工程だったと考えてほしい。

ヒュームは秩序が好きなのだ。そして人々は、より大きく確実な幸福としての社会的利益を実現するために、相当のがまんをしてでも秩序を守り支配に服していた方がよいのだ。だから、秩序の存立基盤にある不安定や不確定、一歩間違えば「あちら側」に転げ落ちてしまう危うさを反復的に示す契約の思想を断ち切り、約束の前にコンヴェンションという秩序の基礎があることを示そうとしたのだ。

彼は、社会秩序の起源に関して、単なる経験的・歴史的な説明に満足せず、それを原理的に考察したいと思った。そして、社会契約論に代わる説明の体系を作ることを試み、その根幹に「コンヴェンション」を置いた。しかし、コンヴェンションがなぜ成立するかを探る過程で、ヒューム自身がホッブズの問いへと接近する。コンヴェンションと約束の境目が曖昧になるとき、あるいは統治のはじまりには服従の約束があったと認めるとき、ヒュームはホッブズ問題が生じる場所へとかぎりなく接近していく。だがそれに直面し、秩序の根源的危うさを解消できないことがあらわになるのを避けるため、彼は「もともとある」利益の共通性や、「すでにその利益が明らかな」約束と所有の保護、つまり一種の

「原コンヴェンション」へと訴える。

　結局ヒュームは、こうした戦略によってホッブズ問題を回避できたのだろうか。私の答えは、ヒュームは商業と産業化の時代、約束と所有の価値を誰も疑わない時代の到来を予感し、それが肯定される限りで通用するルールの成り立ちを証明したというものだ。その前提を取り払ったところには、やはりホッブズ問題が回帰する。もちろんヒュームは、自らが産業文明を肯定するという前提に立っていることを隠さないし、彼にとってはその限りで秩序の根拠とそれを守るべき理由が説明されれば十分だったのだ。

　原理的な統治設立の場面での約束の登場も、同じように捉えることができる。彼は遥か史実以前に、統治のはじまりに約束があったことを認める。彼が最初の約束に言及せざるをえなかったのは、利益の感覚の共通性に基づいて、支配者が具体的に指名され、また服従の条件と限度が明らかにされるためには、明示的な約束が必要だと考えたからだろう。

　だがそれは、一方的な忠誠の誓いであり、支配者の側が自らの義務を直接言明するタイプの契約ではない。彼は、支配する者と服従する者が対等であるかのように受けとられる局面が表れるのを警戒している。約束違反による体制転覆の口実を与えることは、秩序と安定を好むヒュームにとっては、できるだけ避けたいことだった。

　そしてこの点も、結局は約束と所有の保護による商業社会の発展が、統治の正しさや革命の理由などよりよほど重要で、長期的に見て根本的な社会的利益だと、ヒュームが信じていたことを示している。この意味で、ヒュームの政治社会civil societyは、商業社会（＝文明社会civilized society）の上に乗っかっていて、そのはじまりも存在理由も、商業社会に依存している。だからこそ、体制の不安定や転覆が起こることは避けられるべきなのだ。多少の不都合や行き過ぎがあっても現存の支配体制を甘受する臣民の惰性的服従心すら、それ自体は愚かなものでも、社会の発展に一定程度寄与しているのだ。

### †原理と史実の往復によって、ヒュームが秩序の危うさを消去すること

ヒュームがはじまりの約束を認めながらも消し去る、その論法の特徴が表れる第二の点は次のものだ。彼は『本性論』第三巻第二部第十節で、以下の論点を提示する。それは、現に習慣になっている支配や、長くつづいている統治を、当然のこととして人々が受け入れているというものだ。ここで彼はまたもや、原理による説明が招き入れる史実以前の根源的な約束を覆うかのように、史実と経験による心理的な説明（人々は哲学者や法律家に説得されなくても、勝手に支配に納得している）を塗り重ねるのだ。

経験的に確認される事実を、人間心理の考察によって説明するというのは、ヒュームがよく使う論法だ。たとえば、人は長くつづいていることについては、正しさの理由をそれ

以上詮索しない。万世一系はそれ自体ありがたいのだ。あるいは、世襲の君主が受け入れられる理由は、近接したものや類似したものによる継承を、人が心理的に受け入れやすいという傾向によって説明される。こうして習慣が形成され、人々は忠誠の義務を受け入れる。こうなると、はじまりの約束や原理的な正統性に訴える必要はない。むしろそれらは、何が正統かについて混乱と論争を際限なく生み出す、やっかいで危険なものになる。

この説明ははたして説得力があるだろうか。実際ヒュームはしばしば、原理が到達してしまう危うさを史実で埋め合わせ、見えなくさせる。彼が巧妙なのは、一方で他方を覆い尽くすことをせず、二つの説明方法を交互に引っ張り出してくることだ。これによってヒュームは、それぞれの足りないものを補いながら、全体としてバランスのとれた隙のない論証を完成させる。

彼は原理的な説明の危うさを史実と経験によって埋める。他方で、経験に依拠するだけでは答えられない、秩序の正しさや存立根拠、服従の限界といった問いには、原理によって答えようとする。両者の往復をくり返すことで、ヒュームはいつの間にか、秩序の根拠とはじまりを問うことであらわになる根源的な不安定を消し去るのだ。

彼の目論見が成功しているかどうかは、私には判断できない。だが、革命や体制変革にリアリティがなくなり、むしろそうしたロマンティックな夢が簡単に悪夢に転化することを知った現在の世界で、ヒュームがよく読まれるのはこうした理由によるのではないか。ヒュームの政治社会論には、どこかに現実主義と経験的な「常識」への訴え、あるいは「それ以上つきつめないこと」が混じっていて、それが人を安心させもするのだ。

**†私は何のためにこの本を書いているのか。そして、ルソー**

『社会契約論』などというタイトルの本を書こうとすること自体、きわめて時代からずれた試みだということは承知している。だがそれをやる以上、そして私自身がかつて革命と結びついたイメージの中で「自分たちとは全く異なる政治社会体制が、この世界に存立しうる」ことに想像力をかきたてられた以上、ヒュームの議論に全面的に説得されるのはなかなか難しい。

革命や体制変革は、いずれもばかげた夢か暴力と流血に終わるほかないのかもしれない。二〇世紀共産主義の経験は、なかでも無残で幻滅的なものだったと言わざるをえない。だが一方で、政治秩序はたしかに、原理的、根源的なところに、いつでも無秩序へと転落しかねない危うさをはらんでいるのだ。それが人間の自由と多様性に関わる以上、そうならざるをえないからだ。ヒュームの議論の中にも、この危うさがそこここに表れている。

ヒュームはこのことを、たしかに根源的なはじまりに約束があり、服従の限界があるかもしれないが、現実の支配は剣と力によるもので、臣民はその結果を甘受しているという経験的論拠で覆い隠す。だが、剣と力を支えるものとは何だろう。力によって歴史が動く瞬間に何が起こるのだろう。征服の結果が甘受される場合とそうでない場合で、何が違うのだろう。そして、支配がやむをえず受け入れられている場合であっても、堪え難い従属をつづける人々が失ってきたものは何だろう。逆に、約束がすべてのはじまりである、政治共同体の根源には「はじまりの約束」があると考えることで、どんなエネルギーが生まれ、何が変わるのだろう。

ヒュームと全くの同時代に、この問いに答えようとした思想家がいた。彼は、政治秩序の成立と不成立の境目の場所に立とうとした。そしてそのために、契約論の言語をふたたび使ったのだ。実際彼の著作によって「社会契約論」という言葉が世界中に広まることになった。この人は、富と奢侈の時代に猛然と反対し、時代遅れもはなはだしい政治共同体への夢を語り出す。だが彼のアナクロニズムは、その後数世紀にわたって人々を革命の夢へと駆り立て、自由と体制変革の象徴となった。その人こそ、ヒュームと大げんかをしたルソーだ。

第３章

# ルソー

*Jean-Jacques Rousseau*

## †ルソーの生涯と著作

ジャン＝ジャック・ルソー（Jean-Jacques Rousseau, 1712-1778）は一七一二年、スイスのジュネーヴに時計職人の次男として生まれた。ルソーの生涯については、多くの伝記やエピソードが残されている。あとで見るように、彼の人生はたしかに波瀾に満ちている。

だが、人々が彼の生涯に関心を持ってきた理由はそれだけではない。一つにはルソーの生きた時代が、激動するヨーロッパ、なかでも革命に向けた胎動の最中にあるフランスの旧体制末期と、ちょうど重なっていたことによる。ルソーはフランス革命の思想的な象徴とされてきたのだから、時代との関わりに興味が持たれるのは当然だ。

もう一つは、ルソーが『告白』という自伝作品を遺したことによる。この作品は、自伝というジャンルを作り出し、しかもその後このジャンルで試みられるかなりの要素が、すでにルソーの中にあると言われる。たしかに『告白』は、前半は奔放な幼少年期を赤裸々につづり、後半は著書の執筆経緯や社交界での交遊から、だんだんと自身を陥れる陰謀についての妄想めいた独白になっていく。読者はルソーの内面を、見たくもないところまで見せられる不快感とともに、秘められた心の闇を覗き見るような快感に囚われるのだ。

ルソーがジュネーヴ市民である職人の息子として生まれたことが、彼の思想に与えた影響についてては、近年研究が進んでいる（川合清隆『ルソーとジュネーヴ共和国——人民主権論の成立』名古屋大学出版会、二〇〇七年を参照）。ルソーは生まれてすぐ母を亡くし、一〇歳のころ、父親も騒ぎを起こして単身ジュネーヴから遁走する。徒弟修業に出ていた兄も同じ年にジュネーヴを出て、しばらくして消息不明となる。ルソー自身もまた、徒弟先からわずか一五歳で出奔し、放浪をはじめた。彼はすぐに夫と別居中の男爵夫人と懇意になり、その後も多くの女性に世話になった。若くして年上の女性に折檻される恍惚感を体験したり、恋愛が奇妙な三角関係に発展したり、情婦との間にできた子どもを次々と孤児院に棄てたり、四〇代で「初めての恋」に落ちたり、彼の私生活は大忙しだ。

ルソーの情熱的な性格も外見も、第一印象で人を惹きつける魅力にあふれていたのだろう。その放浪癖と出会った人についていく場当たり的な生き方は、なかなか現代人には理解しがたいところもある。だが、落ち着きかけるとその場所から離れたくなる衝動は、誰しも思い当たるところがあるのではないだろうか。

彼は放浪と寄宿やその場しのぎの仕事の中で、音楽によって生計を立てることを覚える。写譜はそののち長い間自活の手だてとなり、また、音楽教師や作曲の仕事も手がけた。そのかたわら、ルソーは独学で読書経験を積み、他の啓蒙思想家たちとは異なった道を通って教養を身につけた。

三〇歳でパリに出たルソーは音楽で身を立てようと決意するが、なかなかうまくいかない。だがそのパリで、コンディヤック、ディドロ、ダランベールと知り合い、文壇の中心へと近づいていく。彼らとの交流の刺激もあって、三七歳で学問上の処女作『学問芸術論(学問技芸論)』を書いた。このときのエピソードは、『告白』の叙述からすっかり有名になっている。

彼は、当時パリ郊外のヴァンセンヌに投獄されていたディドロをたびたび訪問したが、馬車代もなく時間だけはあったのか、徒歩で通っていた(このときすでに三七歳である)。ある日の訪問の途上、ディジョンのアカデミーが出した懸賞論文の課題、「学問や技芸の進歩は習俗を腐敗させたか純化させたか」を目にする。そのとき彼は、突如として湧き出るアイデアの奔流に、雷に打たれたようになってその場に倒れ込むという、神秘的な体験をした。その思考と感情の湧出をともかくも紙の上に留めたのが、『学問芸術論』だ。

懸賞に当選したルソーは、思想家としてデビューした。四年後には同じアカデミーの懸賞論文に応募するため、『人間不平等起源論』を執筆した。このときは落選したが、こういう話を聞くと思うのは、当選した人はどうなったのだろうということだ。ルソーの作品中、『人間不平等起源論』は相当の力作、名著だ。これを差しおいて選ばれた人が、当然ながら無名に終わったであろうことを考えると、賞などくだらないものに思える。そのくせちょっと選ばれると喜ぶのは、人間という生き物が、というより私が、浅はかなせいなのだろう。

ルソーはその後、恋愛小説のはしりと言われる『ヌーヴェル・エロイーズ』、教育論として名高い『エミール』といった文芸作品を書く一方、長大な『政治制度論』の一部をなすはずだった『社会契約論』を仕上げた。『エミール』と『社会契約論』は一七六二年に出版されたが、主に宗教上の考えが検閲にかかってフランスで出版禁止となり、彼自身にも逮捕状が出た。危うく逮捕されそうなところを脱出したが、出国先のスイスでも国外退去を命じられ、最終的にルソーはイギリスに行くことになった。

このとき親切心からイギリスまで同行し、住居を手配したヒュームと、ルソーは派手に喧嘩をし、仲たがいする。その中での驚くべきエピソードとして、ヒュームが自分の手紙を密かに開封していると疑ったルソーが、ヒュームに誤解を正されて詫びようと、泣きながら頬にキスをし、二人が抱擁し合ったというものがある。ヒューム五五歳、ルソー五四歳のときの話だ。この恐ろしい光景をヴィジュアルで想像すると、思想家というのは凡人以上に滑稽な人たちだと思わずにいられない。

ルソーは自分をめぐる陰謀に多くの人が加担しているという考えに、ますます囚われるようになった。これにはたしかに理由があった。実際に生じた政治的迫害、著書の発禁および退去処分や逮捕状、民衆からの非難だけではない。当時成立しつつあった文壇あるいは論壇で、彼の著作は格好のネタにされたのだ。有名になったルソーは風刺やからかいの対象となり、彼はそれにいちいち傷ついた。優美な恋愛描写に自己陶酔し、激烈な口調で学問や文明を批判し古代の徳を礼賛するかに見えるルソーが、当時の文壇、論壇を彩る人々の目に滑稽に映ったとしても不思議はない。

失意のルソーは隠遁と、誹謗中傷から離れた生活を痛切に求めるようになる。人の世話になり社交に巻き込まれることを嫌って、晩年はわずかな年金と写譜で生計を立てた。そして、『孤独な散歩者の夢想』という追憶と夢想がないまぜになった作品を遺し、六六歳で死去する。

## †ルソーをどう読み解くか

ルソーはその人物も生も、他の啓蒙期の思想家とは相当に異なっている。彼の文章にみなぎる自由は、一カ所に落ち着くことができない性格と関係しているのかもしれない。そして、著書のアイデアが一気に光のごとく差し込み、それを紙の上に写すのに苦労したというエピソードは、彼の文章にそのまま反映している。私はこの本で、ルソーにいちばん苦労させられた。彼の思想は、閃光のごとく輝くものを、無理やり線状の文章に落としている。だからいつも言葉が足りないのだ。その表現力は天才的だが、それでも言葉はいつもイメージに遅れてしか到着しない。そのため彼自身にはありありと現前しているものが、読んでいる側にはなかなかつかめないのだ。

行く当てもなく出奔し、出会い頭に人についていく。恋愛衝動を抑えられず、思想が奔流のごとく突如としてあふれ出す。感情のコントロールが下手で、五〇代で小太りの男の頬に接吻し、若いころの恋愛の光景を思い出して恍惚に浸ったりする。こういうルソーはとても人間味があって、この本で取り上げる四人の中では、異性へのだらしなさとエネルギーの余り具合と感情の極端な浮き沈みが、私にもどこか似ていると思える唯一の人だ。

だが、だからこそルソーは扱いにくく、全体像を描きにくい。『社会契約論』という一冊の著書だけでも、構成が複雑で一見つじつまの合わないことが次々と、しかも自信を持って書かれている。それでいてある文脈を理解して読むと、息が詰まるほど密度の濃い、なんというかテンパった文章の連続なのだ。

ルソーを相手にできる老練さが自分にないのがくやしいが、ここでは、以下の戦略で彼を読み解いてみたいと思う。まず、ヒュームとのエピソードが、単なる週刊誌の芸能ネタのようなものではなく、二人の思想の根本的な違いに関わっているのではないか、この点をよく考えてみる。そしてそれを糸口として、ルソーが何に抗い、どんな社会を擁護しようとしたのかを明らかにする。二人の「文明」に対する見方の決定的な違いが、ここで鍵になる。

さらに、ルソーの文明史観のどこに社会契約が位置づくかを押さえ、彼の契約論の不思議な特性に分け入っていく。ルソーはヒュームに抗して、またホッブズを引き継いで、「約束」を社会秩序形成に必要不可欠なものとして据えたのだ。

『社会契約論』の著者なのだから当たり前だが、ルソーもまた約束の思想家だ。ただし、彼の社会契約はとても奇妙でもある。だいたい約束の当事者が、なんだかわけが分からない。さらにその奇妙さは、「一般意志」という理念において極まる。言い換えると、ルソーにおいて「約束が一般意志を形づくる」ことの意味を解き明かせれば、彼の社会契約について書くべきことはほかに何もない。

ルソーの思想は、約束が秩序を作るということを、人が「一般性の境地に立つ」ことと結びつけた。それによって、ホッブズが拓いた契約論的世界を、人民こそが主権者であるというかたちで民主主義へと結びつけ、契約論を主権在民へと引き渡す。

また、この本の構成に関連させるなら、ルソーはホッブズの約束と、次に論じるロールズの正義論とをつなぐ役割をはたしている。ルソーがホッブズから何を受け継いだのか、またそれに何を付け加えたのかを見ていけば、社会契約論が一八世紀の時点でどこに到達していたかがはっきりする。そして、ルソーが達成したことを理解してはじめて、現代に社会契約論をよみがえらせようとしたロールズの試みを理解できる。さらには、いまなぜ、あるいはいまさらなぜ、社会契約論を取り上げることに意味があるかの答えに届くこともできるのだ。

## 1 ルソーの時代診断──「政治経済論」

### †ヒュームとルソーの文明化への態度

一七六六年一月、ルソーはヒュームに伴われて、ドーヴァー海峡を渡りイギリスに上陸した。ルソーはイギリスにいいイメージを持っていなかった上、時期も悪かった。イギリスの冬は陰惨なほどに暗く、一日中霧に包まれ、昼の方が夜より気温が低いほどの厳しい寒さの日も多い。日照時間が短いだけでなく、とにかく晴れの日がないのだ。

意味不明な細部にこだわり、よかれと思った提案にいちいち反対するルソーに、ヒュームは当初から手を焼いたようだ。それでも身元を引き受けた以上、ルソーの意向をできるだけ汲んで、静かな田舎の住居で居心地よく暮らしてもらおうと最善を尽くした。

ところがルソーは、ヒュームが彼の書簡をだまって開封していると疑い始めた。そうなるとルソーの猜疑心は止まらない。書簡から得た情報を、ルソーを陥れたパリの連中に流しているという妄想に囚われるようになるのは、時間の問題だった。

半年後には二人の仲たがいは決定的になり、ルソーは翌年五月に最終的にイギリスを離れ、フランスに戻った。この間の手紙のやりとりはヒュームの依頼を受けたヴォルテールによって公刊され、周知の事実となった。『悪魔と裏切者』に引用された顚末を読むかぎり、ルソーは完全に妄想の虜であり、ヒュームは単に世話焼きの気のいい紳士に見える。

二人が互いの思想、さらにそれが根本的に相容れないことを、どの程度認識していたかは定かでない。ルソーはたしかに、常識では考えられない言動でヒュームを困惑させた。生まれも育ちもよいヒュームにとっては、容易には理解も共感もできない人物に映っただろう。そのため、二人の言い争いの一部始終を公表すれば、自分の身の潔白とルソーの非が証されると考えたわけだ。

ヒュームにしてみれば、「無償の友情」から親切に世話を焼き、礼を尽くしたのに、それに応えるどころか勝手な妄想をつのらせるとは、なんという非礼だろう。被害妄想から自分をルソー迫害の黒幕に仕立てるとは、勘違いも甚だしい。ヒュームの思想を取り上げたところで書いたとおり、彼が想定する人間は、基本的には他者の意図を正しく読みとることができる。だからこそ、見知らぬ人同士の間ですら、意図の読み合いが成立し、コンヴェンションから秩序が生まれるのだ。

そしてまた、富と繁栄によって文明がある水準に到達したヒュームの時代の人々は、友人たちとの交流や社交、気の利いた会話をつうじて、洗練されたふるまいを身につけているはずなのだ(たとえば、ヒューム「技芸《アート》における洗練について」『道徳・政治・文学論集』を参照)。

それなのに、ルソーはいったい何だ。通じるはずの話はさっぱり通じない。「あうん」の呼吸もない。それどころか、こちらの意図を全く誤解し、勝手な妄想をもとに憎悪をつのらせるとは。ルソーの非難がいかにお門違いのものかは、まともな判断力を備えた「公衆」に一部始終を公表すればきっと分かってもらえる。こうしたヒュームの考え、そして彼が公刊された文書の中で行う弁明はいたって分かりやすく、彼の当惑と怒り、そして性格の善良さを物語っている。

だが、ルソーはそういうすべてが嫌なのだ。嫌なものは嫌だ。だから意図の読み合いもへったくれもない。貴族や上流階級のサロンに出入りし、彼らに取り入って名声を得ようとする文人たちのへつらいも、社交と称する気どった会話も、全部嘘だらけなのだ。ぜいたくが人間の思考やふるまいを洗練させるなどという考えも、虚飾にすぎない。学問と技芸の進歩は人間を堕落させてきたという『学問芸術論』の主張以来、ルソーはこの点では全くぶれていない。彼は、自分もまたそこに片足を突っ込むことで、名声と生きるための金銭を得てきた社交の世界が、欺瞞に満ちた唾棄すべき高慢を振り払うことができないと知っていた。なぜなら、虚飾と欺瞞はその世界の本質だからだ。

そしてこのことは、ヒュームが最大限に評価した「文明の進歩」の価値を、ルソーが受け入れられないことにもつながっている。ヒュームにとって富と商業の発展、それによる新しい徳と文化的価値の出現は、不可逆な歴史過程の一部である。

ヒュームは古典古代についての豊かな教養を持ち、その歴史観から影響を受けた。だが一方で、彼は近代化を肯定し、富と商業の発展が、人類史にいまだかつてない社会と時代を拓きつつあることを確信していた。その意味でヒュームは、政治体が生まれ、繁栄し、栄華を極めたあとに衰退の過程に入り、そして滅びるという、古代以来の循環史観とは全く別の歴史観に立っていたと言える。そう、彼は「経済の時代」の到来が人類社会に与えるインパクトを見越し、現代ではありふれたものとなった「進歩史観」に立つことができた、最初の幾人かの一人なのだ。

†「政治経済論」

これに対してルソーは、富と商業が新しい社会を拓くという考え、あるいはその社会をポジティヴに捉えるという発想を持たなかった。このことは、ルソーが『百科全書』のために執筆した「政治経済論 Économie ou Œconomie politique」(一七五五年)という項目を読むと明らかだ。ルソーはここで、私たちが「政治経済」という言葉でイメージするのとは全く違った内容の文章を書いている。

英語の「エコノミー」に当たる言葉の歴史は、それ自体かなり興味深い。ここではその詳細に立ち入る余裕がないので、ルソーの叙述に関係するかぎりで簡単に述べておく。(6)

エコノミーはもともとギリシャ語の「オイコス=家」に由来する言葉である。古代以来長い間、家にまつわる事柄、家をどう切り盛りしていくかが、エコノミーの意味だった。これを日本語に訳すと「家政」となる。この、家政に関する学、つまり家政学というジャンルが古代ギリシャにあったことは、文献から知られている。ただし、ここで言う「家」は、現在の「家庭」とは規模も役割も異なっていた。古代世界には、家とポリス(政治体、国家)という二つの社会領域しかなかったのだから。だが、それに踏み込むと近代以前の社会の基本構造から説明しなければならないので、ここでは割愛する。

家と経済が異なることは説明を要しないだろう。私たちの経済活動の範囲は今や世界大、あるいはグローバルな規模になっている。家、あるいは現在でいう家庭は、その中では一アクターにすぎない。では、いつごろ、どんな理由で、エコノミーは家から経済へと、その意味を変容させたのだろう。それは、ちょうどルソーが生きた時代に起こった。ここからは話が複雑になるので、以下での議論の見取り図をあらかじめ述べておくことにしよう。

ルソーが『百科全書』に書いた項目である「政治経済論」、英語でならポリティカル・エコノミーという語は、エコノミーが家から経済へと意味を変容させていく状況を表している。以下では「政治経済論」を手がかりに、この語の意味の変遷について見ていく。ルソーの時代、ポリティカル・エコノミーには三つの用いられ方があったというのが、私の見立てだ。そのどれもが古代ギリシャ以来通用していた「家」とは異なる。

一つ目は、一七世紀ごろに主権国家がヨーロッパで形成されて以降、「国家の力」の増大をめぐる学として発達したポリティカル・エコノミーである。二つ目はルソーの用法だ。ルソーは、国家の力の増大のために行政的な介入を強める一つ目の意味のポリティカル・エコノミーを、法の下に従属させようとする。三番目の意味はこの時代に生まれたもので、市場経済が独自の法則の下に展開する商業社会を肯定し、その秩序を乱さないような国家の介入だけを認めるという考えだ。この見方は、フランスのフィジオクラット（重農主義者）、ヒュームそしてスミスによって見出され、広められた。そして結局のところ、この三番目の意味だけが現代まで引き継がれることになる。この用例において、エコノミーの意味は古代以来の「家」から、近代的な「経済」へと完全に転換している。

今では見失われたこの語の意味をめぐる当時の揺れ、なかでも「政治経済論」に見られるルソー独特の用法を時代背景の中で理解することは重要だ。このころの国家論や文明論、あるいは商業社会論の中でのルソーの立ち位置が鮮明になるからだ。

すでに見たとおり、出発点となる古代ギリシャでは、オイコス＝家と、ポリス＝政治体とが対比されていた。この場合、「ポリティカル・エコノミー」はそれ自体が語義矛盾のような言葉になる。「海的な陸」みたいで変な表現だからだ。ではなぜ一七世紀頃からこの言葉が使われるようになったのだろう。そこには、それまでの語彙では表現しきれない新しい領域の出現があった。

家と政治という長らく区別されてきた二つの領域を混ぜ合わせる語法には、理由がある。この時代に、国家あるいは政治体の運営を、家の切り盛りになぞらえて捉えるような知が必要とされたのだ。それを必要とする何かが、国家をめぐって生まれつつあったからだ。そしてルソーの用例もまた、これに関連するものとして捉えることができる。

ルソー自身、このことをはっきり理解していた。「政治経済論」冒頭を見てみよう。


エコノミー……という言葉は、家を意味するオイコスと、法を意味するノモスから来たもので、もともと、家族全体の共同利益のための、賢明で法にかなった一家の統治を意味していた。その後、この語の意味は国家という大家族の統治にまで拡張された。二つの意味を区別するために、後者の場合を一般経済または政治経済と呼び、前者の場合を家庭経済または私経済と呼ぶ。（強調原文）

つまり、国家という家とは異なる共同体をどう切り盛りし、どう運営するかについての学が必要とされるようになって、政治経済（学）が生まれたのだ。この種の学が生まれたこと自体、一七世紀という時代の特徴を示している。その必要をもたらしたのは、領域国家、あるいは主権国家の誕生、そしてそこでの国家間競争の出現、重商主義の経済財政政策など、一連の「近代国家の生誕」にまつわる事態であった。

ルソーの「政治経済論」は、こうした近代国家誕生の時代に、家になぞらえられながらも家とは規模も性質も根本的に異なる国家の繁栄には何が必要かを考えるというテーマで書かれている。だから、これは一種の「国家学」あるいは「国富の学」を志向した論考なのだ。

だがここで、ルソーは「国家の力」あるいは「強く豊かな国家」を、独特の意味で理解している。そもそも国が強く豊かであるとはどういうことなのか。こうした根本的な問いを通じて、ルソーは当時の流行に抗して、彼の一般意志と法の体系の中に、国家の豊かさの問題を織り込んでいく。

ルソーにとっての強い国家、簡単には壊れない頑丈な国家とは、一般意志によって基礎づけられた国家だ。一般意志についてはこのあと詳しく見ていくが、簡単には人民の意志、あるいは民主的な手続きを経て見出された公共的意志のことだ。

さらに、一般意志に基づく法によって統治される国家、そして法に基づく行政が行きわたった国家こそが、よき国家である。つまり、行政は法に、法は一般意志に従属し、それに基づいてしか行われないものなのだ。

## †国家の正統性への問い——ルソーの「ポリティカル・エコノミー」

ルソーは何に抗して、何を擁護するためにこのような主張をしたのだろう。そのことをはっきりさせておかなければならない。「エコノミー」の語は一七〜一八世紀、つまりルソーの時代に、ポリティカルの形容詞を冠することで、「国庫や財政運営をはじめとする国家の統治と管理」を意味するようになっていた。つまりポリティカル・エコノミーは、絶対王政へと向かう中央集権国家が互いに強さと豊かさを競い合う中で、国家理性論や財政学、そして重商主義政策などと結びついていく、一連の学問的・実践的領域を形成していたのである。

そこでの国家の力の指標は、端的に言って「国の金庫（国庫）に入っている金銀の量」であった。文字通り「金持ち」な国が豊かで強い国なのだ。経済政策としては、できるだけ安く抑えられた労働力を使って安価な商品を作り、外国に売ることで金銀を稼ぐという発想をとっていた。その目的をはたすため、都市政策や行政機構を通じた国家による人民の管理が行われる。

ルソーはこの発想に強い違和感を抱いていた。国の力や豊かさが王様の金庫にある財宝の量で決まるはずがない。また、人が監視され管理されて働かされる国がよい国であるはずがない。ルソーにとって強くて豊かな国とは、有徳な市民によって支えられた国だ。彼らがみな国に愛着を持ち、素朴かつ誠実に暮らせるような国こそ、最も強く豊かな国なのだ。

規模が大きく中央集権化した近代国家が、それまでにないやり方で租税や財政、行政の問題を扱わなければならないことは、ルソーも理解していた。だが、国の豊かさが物質的な富、それも実質的には王族が保有する金銀の量で決まるといった考えには、どうしても納得がいかなかった。

こうした時代背景をふまえるなら、ルソーの「政治経済論」は、「よき国家とは何か」

「それはどのように統治されているのか」という問いへの答えが、こうした方向に急速に傾いていくのを抑える狙いがあったと考えられる。財政学や行政学、（ドイツ領邦国家で発達した）ポリツァイ学や官房学、そして統計学といった国家運営のための学問とそれに基づく実践は、国の力を技術的な観点からのみ捉えようとする。そのため、なぜ、なんのために国の富を増やすのか、国力追求の方法は正しいものなのかという発想を失いやすいのだ。

たとえば、いかに行政が効率よく運営されているか、どうすれば国の財政が豊かになり、貿易上有利になるか。こうした問いは、国家が激しい覇権競争をくり広げた当時の状況下では、当然のものだった。だが、そうした実践的で技術的な問題が重視されることで、しばしばそれが正しいやり方なのか、何に照らして正統と言えるのかが見失われることになった。政治の正しさが、行政の効率や財政的な豊かさだけで測られる危険が、近代国家の発達とともに強くなっていったのだ。

ルソーが「政治経済論」で問おうとしたのは、このことだった。だから彼は、国の豊かさと繁栄は、物質的な富や効率だけでは決して捉えられないことを示そうとした。そうではなく、統治が一般意志に基づいているか、徳ある市民が愛国心をもって活き活きと暮らしているか、これらの指標こそが「国家の力」を測る際に最も根本的だと強調したのだ。

## †富と商業についてのヒュームの見解

ここまでが、先ほど挙げた一つ目のポリティカル・エコノミーとルソーとの対比だ。ルソーは当時の国家学の動向を知った上で、あえてそれに対抗する形で「政治経済論」を執筆したと考えてよいだろう。そこでここからは三番目のもの、つまりヒューム的なポリティカル・エコノミーとの対比に移りたい。

興味深いことに、こうしたルソーの考えに、ヒュームとの違いがはっきりと示されている。ルソーは文明化と富への否定的な態度のために、来るべき商業社会をヒュームのように肯定的に捉えることは決してなかったからだ。

「政治経済論」という標題の論考で、国家のよき統治について語られ、その中心に人民の意志である一般意志が置かれるというのは、現在の私たちから見ると非常に奇異な感じがする。その理由は、ルソーの「エコノミー」の用い方が、現在でいう「経済」とはあまりにかけ離れているためだ。だからこの論考を読むと、そこに違和感を抱かずにはいられない。

ルソーは「エコノミー」の語に、その後の「国民経済」につながっていく内容を与えることは決してなかった。彼にとっての政治経済は、あくまで国家あるいは政治体の存続と繁栄に関わるものだったのだ。ところが「政治経済」の語は、まさにルソーの時代に「国家のエコノミー（すなわち国家の統治）」から「国民経済」すなわちナショナルエコノミーへと、その意味内容を大きく変えつつあった。そして、国民経済とは何であり、どんな可能性を持つのかを最初期に、先駆的につかんだ人こそ、ヒュームとスミスだったのだ。

そこでルソーと対比するために、ヒュームの富と商業についての見方を、その文明史観と関連づけて見ていこう。

たとえば「商業について」（『道徳・政治・文学論集』所収）ではっきり描かれているとおり、ヒュームにとって、生産による富の増大と商業とは、国の豊かさを測る最も重要な指標だった。彼は、「富が徳を衰退させる」「奢侈が悪徳をはびこらせる」といった、当時しばしば見られた商業と市場の発展を否定する見解を斥ける。彼にとって、人が富を得るチャンスを見出すことができ、また、得られた富を消費するための商品が豊富にあることで人々の欲望が刺激されれば、国家と人民は同時に豊かになるはずなのだ。

ここから次の考えが出てくる。貧しくても国のために尽くし、武勇に長けた人民がいる国が必ずしも幸福なわけではない。清貧をよしとするこうした理想の国家観は、たとえば古代ギリシャのスパルタを礼賛する、古代びいきの「徳の国家論」にしばしば見られるものだ。ルソーもまたこの点では、古代への傾倒を隠さなかった。こうした理想像の中では、富は奢侈を生み、人心を腐敗させ、徳を衰退させる悪しきものなのだ。

これに対してヒュームは、古代より近代、つまり自分たちが生きている時代の方が、豊かさと幸福への大きな可能性を持つと考えた。富への欲求によって労働と生産が刺激されれば、国富は増え、国庫と人民の双方を豊かにする。とくに、上層階級や地主といった一部の層が富を独占するのではなく、生産者のすみずみに広く富が行きわたるようになることが望ましい。そうすれば彼らは生産意欲を刺激され、ますますいいものを多く生産し、外国産の優れた製品を欲しがり、貿易は拡大し、国家のありとあらゆる場所に富と満足が浸透するからだ。

この考えはスミスへと引き継がれる。そしてスミスは、国を富ませ、国民を豊かにするために何が必要かを論じる『国富 the wealth of nations 論』（一七七六年）を書くことになる。こうして、「政治経済」は「国家の統治」についての学から「国民経済」についての学へと、大きく変貌を遂げるのだ。つまりヒュームは、国が豊かになるとは国民が豊かになることであって、国民を豊かにするのは富と生産への刺激であり、また安全と平和による商業活動への保障だと考えた、かなり初期の人物だったのだ。

## †ルソーの企図は何だったのか

ややこしくなってきたので、ポリティカル・エコノミーをめぐるここまでの話をまとめておこう。まず、エコノミーは古代ギリシャ以来、家の統治、つまり家政に関わる事柄で、国家＝ポリスと対比される、家＝オイコスを対象としていた。ところが、ヨーロッパで発達してきた近代国家は、国家間競争に勝ち残るために、財政や商業政策、そして中央集権化を進める行政についての学と実践を必要とする。そこで、一七世紀に「ポリティカル・エコノミー」という言葉が使われるようになる。これが、家の統治になぞらえられながらも、それとは異なる独自の領域としての国家の統治についての学となる。

ルソーはこの国家の統治の学が、政治と国家の正統性についての問いを置き去りにし、国家の力の増大を技術的側面でのみ追求することを嫌った。そのため彼は、ポリティカル・エコノミーに国家の正統性論である社会契約論を接続する。それによって、一般意志に基づく国家運営のみが正しく、徳ある市民に支えられる政治だけが真の政治であるという原則を打ち出した。つまり、国家統治の技術論は、その前提として、あるいはその土台に、国家の正統性論を置かなければならないのだ。この土台が人民主権を標榜する社会契約論であることを、ルソーは重視した。

一方ヒュームはほぼ同時代に、ポリティカル・エコノミーを別の方向に転回させる。エコノミーが意味するのは家の統治でもなければ、それになぞらえられる国家の統治でもない。それは、のちに「国民経済」と呼ばれるような、生産者と商人による経済活動の総体を指す。その発展と浸透こそが、国家と同時にそこに生きる人々全員を豊かにするのだ。

つまり、ヒュームとルソーは、王の金庫にある金銀財宝の量をいかに増やすかの議論からはじまった国家の富や豊かさの学、また国庫や行政の技術的な改良についての学であった「政治経済学」に、別の意味を与えた。彼らは違った方向にではあるが、社会契約論と政治経済学という、国家と政治についての新しい語り方を発明した二人の人物なのだ。

ヒュームはそれを、国民経済と国際的な分業が浸透する社会における富の生産と配分のあり方、またそれに伴って自由をどう保障するかの問題として扱った。一方でルソーは、そもそも政治とは何に基礎づけられるべきなのかを問うたのだ。現存する主権国家が強さと豊かさを競い合っているのが事実だとしても、国家を根本的に支える原理は何か、その正統性はどこから来るかは、事実としての強さや豊かさとは別次元の問題なのだ。だから彼は社会契約論という文法（秩序の語り方）を使って、正しい国家とはどんな国家なのかを問いなおした。(7)

それはヒュームが「原初契約などどこにもない」と言い放った後にもう一度、国家と政治の正統性を問う試みだった。市場と商業がもたらす富と豊かさに見向きもせず、祖国愛と人民主権を説くルソーは、どことなく時代遅れに見える。だから彼は当時の啓蒙知識人たち、たとえばヴォルテールやダランベールと大げんかをし、彼らにからかわれたのだ。ヒュームとの仲たがいにも、ルソーの頑固さとアナクロにも見えかねない文明化への否定的態度が関係していたはずだ。

ルソーはたしかに、文明の進歩と商業の可能性を理解しない反動に見える。だが彼のやったことを別の角度から眺めると、過激な革命家にも見えてくるのだ。ルソーは、国家の学が行政とその効率化へと特化し、国庫を豊かにするための重商主義政策が推奨され、国力を把握するために官房学や人口統計学が取り入れられていった時代に、それに反発した。そして、技術知とは発想を異にする正統性の言語を用いて、最初の約束としての社会契約を語ったのだ。

経済と文明化という観点からルソーを見ると、彼はヒュームに比べて市場と商業の可能性にあまりに無理解だったように思える。ヒュームに先見の明と未来への鋭い透視力を認めないことは難しい。だが、ヒュームとルソーの時代はさておき、現在から見るとどうだろう。富と商業、そしてそれらに付きものの奢侈とぜいたくを、単なる虚飾であってろくなものではないと喝破したルソーを、時代遅れともなかなか言えないはずだ。

ルソーは、近代文明と富や市場の可能性を否定した。だが物質的繁栄が不平等をもたらし、そこにはびこる虚飾が根本的に底の浅いくだらないものだと見透かした人でもあるのだ。ルソーの反近代はしばしば前近代への回帰になり、古代への憧憬を語るアナクロ思想家のようでもある。だが、マルクスに先駆けて私有財産の弊害と資本主義における富の不平等を告発した先駆的思想家だと言われると、たしかにそうなのだ。

ヒュームとルソーの対比はここまでにして、ルソー自身の意図と主張に戻ろう。彼は経済の発展を国家の目的とする代わりに、政治的な理想を改めて語った。それによって、「政治とは何か」「国家とは何か」という問いの根本に立ち返ったのだ。

このためにルソーが用いたのが、社会契約という国家の正統性の言語だった。国家あるいは政治共同体を支える契約とは、どんな要件を備え、どんな条項からなるのか。また契約によって作られる政治共同体は、どのようなものであるべきなのか。ルソーはこれについて、原理からはじめて一つ一つ確認していく本を書いた。それが『社会契約論』だ。

## 2 ルソーの歴史観――『人間不平等起源論』

### †ルソーの歴史描写――「6」の字の歴史

ルソーの社会契約論を検討するに当たって、まずその歴史観のどこに社会契約が位置づくかを押さえておきたい。それによって、ルソーが社会契約を、どのような意味で政治体の「はじまり」とみなしたかが分かるからだ。

ヒュームが文明の進歩を肯定的に捉えたのに対し、ルソーがそれに否定的だったことはすでに述べた。では彼はどのような歴史観を持っていたのだろう。これが思いのほか複雑で、ルソー解釈の一つの争点となっている。以下では『人間不平等起源論』(以下『不平等起源論』)を参照しながら、彼の歴史認識と社会契約の位置を確認しておこう。

『不平等起源論』でルソーは、自然状態について印象深い描写をしている。自然状態で人はひとりぼっちだというのだ。しかもそれは寂しい孤独の状態ではなく、基本的には満ち足りたものだ。自然状態の人は、自分を慈しむ自愛心と、動物にも見られる優しい思いやりの感情を持っている。そして、人を羨むことも妬むこともなく素朴かつ質素に暮らしている。

ところがいろいろな外的事情が重なって、人々は一緒に暮らすようになり、やがて共同体を形成する。これがどんどん大きく複雑になり、さまざまな技術が導入される。また人間の能力が生来平等ではないことから、私有財産と貧富の差が生まれる。ルソーはそこに大きく四つの段階を見出すが、それについてはここで詳しく述べる余裕がない。

第四段階、つまり最後の段階に至って貧富の差は大きくなり、富者に有利な政治制度を通じてそれが固定化される。ここでは他者への嫉妬や虚栄が広がり、詐欺や腐敗が蔓延《まんえん》している。「身分と財産の極端な不平等、情念と才能が好き勝手に用いられること、無益な技術、有害な技芸、軽薄な学問から、理性にも幸福にも徳にも等しく反する無数の偏見」（『不平等起源論』）が生じる。そして相互不信と憎悪によって分裂が広がり、最後には完全な専制政治に陥る。

これは、一人の絶対的な支配者と奴隷のごとき服従者だけの世界である。ところが不思議なことに、ルソーは「ここが不平等の最後の到達点であり、円環が閉じて」、ふたたび平等が現れるという。つまり、ルソーが最初に人類の歴史を描きはじめた、孤立した自然人の平等にどこか類似した状態が出現するというのだ。

だがもちろん、ここで人類は最初の自然状態に戻るわけではない。素朴な感情しか持たず、森を歩き回って一生を過ごす、動物に似た自然な人間と、最悪の専制の下にあってその崩壊を目の当たりにする人間とが、同じであるはずがない。ルソーは専制の果てに現れるこの状態を、「われわれが出発点とした自然状態とは異なる、新たな自然状態」と呼んでいる。

では、以上の全体をふまえたルソーの歴史観を、どのように捉えればいいだろうか。『不平等起源論』は情熱的な文体を持つ作品で、ここでルソーが言っていることには矛盾

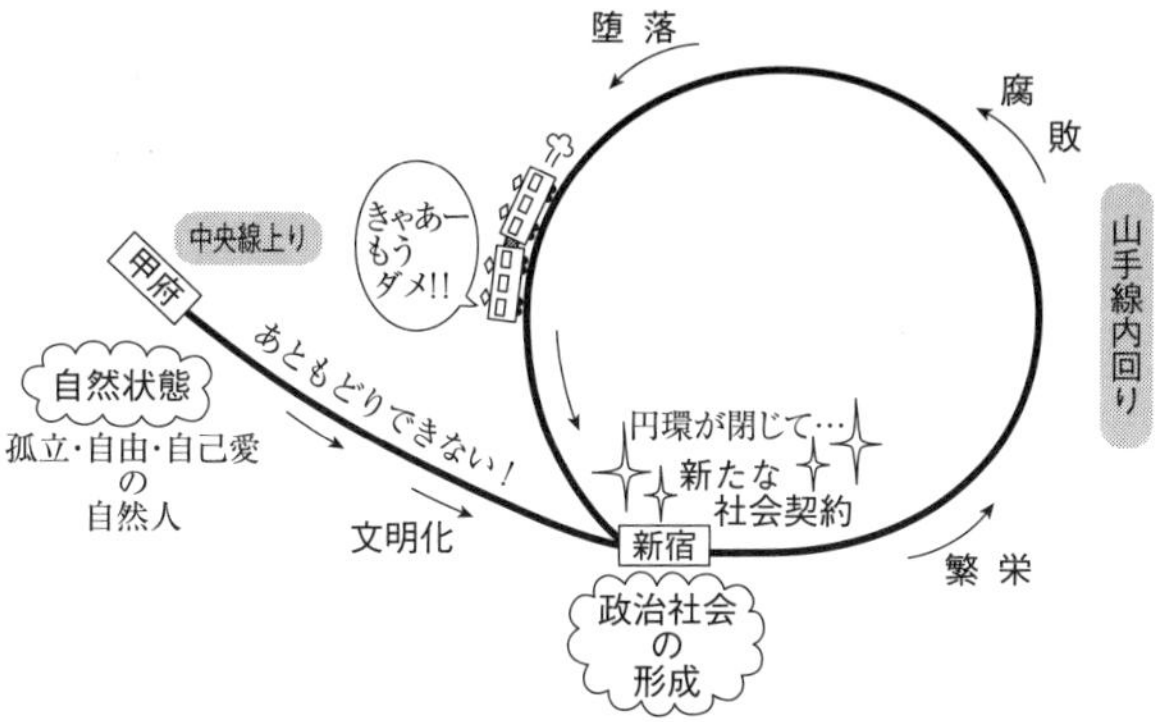


ルソーの「6」の字の歴史

や曖昧さが少なからず含まれている。だからすべてを解き明かせるわけではない。だが彼の歴史像のおおまかなあり方として、ここでは次のような説を提起したい。

それは、ルソーの歴史が、アラビア数字の「6」の字の形になっているというものだ。たとえて言うなら、環状線である山手線に中央線が甲府方面から新宿までつながっているような感じだ。出発点にある甲府は自然状態で、そこで人は基本的に一人で生きている。そこから多くのプロセスと時間を経るが、新宿（文明が一定の状態に達して政治社会が形成される時点）まで、後戻りはない。新宿からは山手線になって、ふたたび現れた平等の下に政治体が生誕してからその死滅に至るまで、登場人物だけが入れ替わる歴史がくり返される。

ルソーにおいて、未開から文明への単線的歴史は、はじまりから終わりへと円環を描く、いわば「盛者必衰」の循環史的歴史と、このようにして接続されている。ルソーにとって文明化が不平等の拡大過程である以上、それを固定し強める働きをする政治社会の評価は低くならざるをえない。つまり、循環する歴史全体にわたって、生誕から死に至る政治体そのものが、否定的な存在として捉えられるほかないのだ。

ルソーは、勃興する資本主義と富の偏在、物質的豊かさを何より重要な価値として肯定する社会の出現といった時代の動きに、敏感に反応した。彼はこれを、文明化の過程として捉えると同時に、それが間違った方向に進んでいると考えた。だから『不平等起源論』は激烈な文明批判となり、ルソーはこの著作によって「野人」と揶揄されることになる。

## †社会契約——歴史に楔を打ち込むこと

たしかに彼は「自然」を基準に文明の腐敗を告発した。しかし、ルソーが『不平等起源論』でたどりなおした文明への道は、逆向きに自然に戻ることは決してできないものだ。先ほどの比喩を使うと、新宿まで行ったら甲府には戻れない。かといって彼は、文明による堕落をあきらめ、くだらない政府のもとで他者に支配され不平等に甘んじることを容認したわけではない。

『不平等起源論』には、いかに腐った政府が多いか、残忍で人を支配したいだけの為政者がどれだけばかげた統治を平気で行ってきたかが、悪しざまに描かれている。だがルソーの情熱は、そうした腐敗や堕落を嘆くだけに終わることを許さない。だからこそルソーは、腐敗した現状の内部で政治を考えるのとは全く別のルートで、新しく誕生する政治体を根拠づけようとしたのだ。その根拠こそ、彼が来るべき『社会契約論』の出発点に置く、社会契約、すなわちはじまりの約束なのである。

この視点から『不平等起源論』を読むと、人民こそが政府の委託者であり、つまりは主権者であって、彼らだけが政治体の構造（constitution）を変えられるとちゃんと書いてある。そして、「人民は、……そのすべての意志をただ一つの意志に結合したので、この意志が説明されているすべての条文は、それぞれが基本法となり、それらは社会の全成員を例外なく義務づける」として、人々の結合によって一般意志と法が生まれることが示されている。

つまりルソーは、人民主権による政治体の確立を通じて、文明による人間の堕落、社会制度による不平等の拡大と固定化といった、いわば「否定的文明史」を終わらせようとしたのだ。約束によるはじまりの言語、そして人々の結合が生み出す一般意志によって、歴史に楔《くさび》を打ち込むことで。

たしかにルソーは、社会契約によって生まれた国家もまた、いずれは死滅することを否定しない。その意味で、ルソーが描く理想の政治社会もまた、循環する歴史の外部に立つわけではない。どんな輝かしいはじまりを持つ国家も、いつかは腐敗し終わりを迎える。だがそうだとしても、現に腐敗した政府の下で不平等を甘受させられている人々は、集まって約束を交わすことで、新たに政治体をはじめることができるのだ。

ルソーは『社会契約論』第三篇第一一章で、政治体の死について次のように語っている。

政治体は、人間の身体と同様、出生が死への門出であって、自らのうちに破滅の原因を宿している。……たしかに人の命を延ばすことについて人間の力は及ばないが、国家の場合には、それは人間次第である。最良の体制〔＝憲法〕（フランス語 constitution）を与えることによって、その命をできるだけ延ばすことができる。最もよく構成された国家にも終末は訪れるだろう。しかし不測の事態によって寿命の尽きないうちに滅びさえしなければ、他の国家よりも長生きするだろう。

『社会契約論』は、破滅の後にやってくる新しい政治体についての構想なのだ。またそれは、国家をうまく構成することでその命を長くし、よき政治の状態を持続させるための方法を示す著作でもある。ルソーは現にある国家や政治社会から政治的考察をはじめることを拒否した。原理に立ち返るルソーの考察において、はじまりの約束は、文明史観と循環史観が交差するところに位置づけられる。

すべてを新たにはじめるために約束が交わされる。約束は、政治体が生まれそして死滅するまでの歴史を形づくる時間、そして人々が集う政治的な空間、その両方を生み出す相互行為として現れるのだ。つまり、腐敗と堕落が蔓延し、無秩序と混沌のうちへと落ち込んでしまった地点に、はじまりの約束、社会契約が位置づけられる。

その意味で、ルソーの契約が結ばれる場所は、ホッブズの自然状態に近い。原始人の孤立を自然状態とするルソーは、社会契約が結ばれるこの地点を自然状態と呼ぶことはできない。だが彼はその場所を、何か自然状態に似たもの、不平等が行き着くところでその円環が閉じ、ある種の平等が現れるところだと言う。

そこは安定した秩序が不在であるという意味で、ホッブズの自然状態のような場所である。つまりルソーの場合にも、社会契約は秩序の存在と不在との間にあり、秩序そのものを約束というただ一つの行為によって生み出す、そういう位置にあるのだ。

## †なぜ新しくはじめられるのか

ここでひとつ疑問がわいてくる。ルソーが描く歴史において、政治社会の終わりは悲惨なものだった。それは、文明によって人間の虚栄心や悪徳が際限なくはびこり、政治社会が不平等を加速させ貧者を奴隷にまで陥らせるような、そんなどうしようもない状態だ。さらに彼は、奴隷の境遇に置かれつづけると、人は自分が自由でありうるなど想像もできなくなるという。そして、生まれながらの奴隷として服従する以外、もはやどんな生き方の可能性もなくなるというのだ。

では、専制君主と奴隷しかいない末期の状態から、なぜ、どうやって、新しい社会がはじまるのだろう。いったい誰が、新しくはじめる力を持つのだろう。ルソーという思想家は、彼自身の思考と想像力の奔流を極限に至るまで止められないところがある。『不平等起源論』で彼は、腐敗しきった廃墟のごとき社会を語り尽くした。だがそうなると、どこから腐敗に抗して新しくはじめる力が出てくるのか、読む側は分からなくなってしまう。

根本的には、これはルソーの問題設定が悪いせいでも、彼の歴史叙述が極端すぎるせいでもないと思う。そこにあるのは、形を変えたホッブズ問題なのだ。秩序の根源を問う思想には、ホッブズ問題が執拗について回る。それはヒュームのところでも見たとおりだ。

ホッブズにおいて、なぜ自然状態で信約が交わされるのか、どんな理由で人が約束を守ろうとするのかには、最終的な答えがない。ルソーにおいてもこれと同じことが起こっている。人はなぜ新しい社会をはじめるのか。なぜそんなことを思いつき、約束を交わすのか。ホッブズもルソーも、その問いが惹起される地点と、それに解答を与えることの難しさを十分認識していた。だからこそ、社会を創造するはじまりの約束について、ものすごいエネルギーで考え抜いたのだ。

社会秩序はなぜ、どうやって作られるのか。ここに現れる秩序のはじまりをめぐる問題、すなわちホッブズ問題は、どこかのレベルで解かれると、別のレベルで再び現れる。たとえば、秩序のはじまりにコンヴェンションという答えを与えようとしても、それをさらに根拠づける原コンヴェンションを想定せざるをえなくなるといった形で。そしてこうした無限背進に陥らないよう、はじまりの地点を探し求めるなら、秩序を作り出す人間の力、関係をはじめる能力、あるいは約束を交わし守ろうとする力の存在が呼び起こされる。それと同時に、秩序のはじまりが孕《はら》む不安定と、その究極的な根拠のなさもまた、くり返し浮かび上がってくるのだ。

## 3　契約はどんなものか――『社会契約論』

### †社会契約の条件――シンプルにして最強かつ自由

ここまで見てきたように、ルソーは現存社会に激しく失望している。そしてその分だけ、新しい社会、約束によって生み出される社会にかける期待はふくらむ。そのため彼の社会契約には、はじめからさまざまな負荷がかかってくる。

ホッブズの場合、殺し合いを終わらせてくれるならどんな政府でもないよりはまし、という一種の割り切りがあった。ところがルソーの潔癖はそれを許さない。現存の国家と社会がだめなものであるほど、理想社会への期待はそれだけ高まり、ルソーはあらゆるハードルを越えなければならなくなる。

新しい政治社会に彼が課す条件を見てみよう。「各構成員の身体と財産とを、共同の力のすべてを挙げて防衛し保護する結社形態を発見すること。そして、この結社形態は、それを通じて各人がすべての人と結びつきながら、しかも自分自身にしか服従せず、以前と同じように自由なままでいられる形態であること」(『社会契約論』第一篇第六章)。

一読して、はたしてこんなことが可能なのかと思う。とくに、すべての人と結びつきながら自分自身にしか服従しないというのが、どういうことなのかさっぱり分からない。これにつづく文章がまたふるっている。「これこそ根本的な問題であり、社会契約がそれに解決を与える」。かっこよすぎるが、ほんとかよ!?と突っ込みたくなる。

ここで、彼の社会契約が充たすべき条件を整理しておこう。第一に、契約によって作られる社会が、考えうるかぎり強いものであることだ。これは、「共同の力のすべてを挙げて」人々を保護することに関係している。その力が強ければ強いほど、保護と防衛は完全なものになるのだから、政治社会は強いほどよい。

第二に、社会契約が誰にでも納得でき、受け入れられるために、その条項はできるだけシンプルでなければならない。ルソーにとって社会契約は、いつの時代のどこの人々でも受容できる普遍性を備えていなければならない。そのためシンプルさは重要だ。「これらの条項は……どこにおいても同一であり、どこにおいても暗黙のうちに受け入れられ、承認されている」(『社会契約論』第一篇第六章)のだから。

三つ目に、契約によって生まれる社会は、できるだけ長持ちしなければならない。たしかに、政治社会には誕生と死があり、いつか必ず終わりが来る。だが、うまく構成された国家は、他の国家より長くその命を保つのだ。つまり社会契約は、シンプルにして最強かつ持続的な政治社会を生み出さなければならない。

四つ目の最後の条件は、社会でなく個人に関わる。それは自由の問題であって、ある意味で最も重要だ。人は社会契約を結ぶことで政治社会に拘束される。だが、あとからふり返ってみると、拘束以前の状態と同じように自由な自分を発見する。これはルソーにとって絶対に妥協できない条件だった。というのは、人は自由になるために政治社会を作るのだから。国家が与えてくれる保護や安全のために自由を犠牲にするといった、専制を容認する政治社会論など、ルソーにとっては絶対に認められないことだった。

社会契約はたしかに一つの取引だ。だがそれは、何かと引き換えに何かを犠牲にする、そういう取引であってはならない。人は何も失わず、なおかつそこから新たに何かを得るのだ。

こんなことが可能なのだろうか。ハードルはあまりに高いように見える。だが、社会契約がすべての問題を解決するとルソーは断言する。

## †契約の条項はどんなものか

『社会契約論』第一篇第六章「社会契約について」は、この著作の中でもとくに緊張感がみなぎり、窒息しそうなほどすばらしい表現に満ちた箇所だ。要約が空しくなるほど迫力ある文章なので、先にいくつかのフレーズを引用しよう。

〔社会契約の〕これらの諸条項は、よく考えてみれば、すべてがただ一つの条項に帰着する。それは、各構成員は自分の持つすべての権利とともに自分を共同体全体に完全に譲渡するということである。ここで第一に、各人は自分の一切を与えるのだから、すべての人にとって条件は等しい。また、条件がすべての人にとって等しいのだから、だれも他人の負担を重くすることに関心を抱かない。

要するに、各人はすべての人に自分を与えるから、誰にも自分を与えないことになる。そして、各構成員は自分に対する権利を他者に譲り渡すが、それと同じ権利を他者から受け取らないような構成員は誰もいないのだから、人は失うすべてのものと等価のものを手に入れ、また、持っているものを保存するための力をより多く手に入れるのである。

そこでもし、社会契約から本質的でないものを取り除くなら、次の言葉に帰着することが分かるだろう。われわれのおのおのは、自分の身柄とすべての能力を共同のものとして、一般意志の最高の指揮のもとに置く。それに応じてわれわれは、各構成員を一体で、全体の分割不可能な一部として受け入れる。（強調原文）

強調されているところが、ルソーが提示する社会契約の条項である。問題はこれが理解できるかどうかだ。しかも「一般意志」という言葉まで出てきてしまった（この部分が『社会契約論』で「一般意志」の語がはじめて使われる箇所だ）。

だんだん分からなくなるかもしれないと心づもりをしておいてほしいのだが、これをさきほど述べたルソーの社会契約が充たすべき四つの条件に関連づけて説明していく。まず、第一の条件、つまり政治社会の強さを、ルソーが挙げる契約条項は充たしているだろうか。ルソーの社会契約の特徴として、「全面譲渡」あるいは「全部譲渡」がある。引用では、「自分の持つすべての権利とともに自分を共同体全体に完全に譲渡する」の部分だ。

社会契約は、契約当事者の力と権利を合わせることで政治共同体を作る。したがって、社会に譲渡される力と権利が大きければ大きいほど、共同体の力は強くなる。ここで完全かつ全面的な譲渡を全員が行えば、最も強い共同体ができることは明らかだ。

次に、条項がシンプルである点はどうだろう。ルソーは「ただ一つの条項」で社会契約を表現できるとするのだから、これ以上シンプルな契約はありえない。

三番目の持続性はどうだろう。これについては、それほど分かりやすくはない。共同体が強いこととそれが持続することとは、もちろん結びついている。ただしそれは、メンバー一人ひとりを共同体に結びつける絆が強い場合にかぎられる。たとえば、軍や警察などの力を借りて高圧的な締めつけを行う国家や、「全体主義」の監視社会などは、ルソーにとって長続きする国家ではない。すでに見たように、それは政治社会の末期状態であって、恐怖と隷従が支配する、崩壊の一歩手前にすぎない。

では、絆の強さはどこから来るのか。ルソーにとって、自由意志に基づいて行為する個人が、すすんで自己の全面譲渡に合意する、そんな政治社会だけが強い絆に結ばれているといえる。自発的に作られた共同体の方が、いやいや服従させられる場合より絆が強いというのはよく分かる。そしてこの全面譲渡は、自分も、他の人も、すべての人が等しい条件で、誰もひいきも差別もされないことではじめて成り立つ。

ここに見られるのは一種の相互性である。自分も権利と力を全面譲渡し、他の人もそうする。それによって、社会から得られる利益にすべての人があずかる。誰もえこひいきされず、誰も蔑まれない。つまりは相互性に基づく平等だ。これが保障されるときだけ、人は社会に入ることに同意する。では平等という条件はどうやって保障されるのか。

これは四番目の条件、つまり自由の問題とも関わっている。すべての人が、契約の前と後で同じように自由であるという条件だ。(8) 誰にとっても等しく自由が保障されていることが、みなが共同体への参加に納得していることにつながり、それが共同体の持続を生むからだ。つまり、相互性に基づく平等と、以前と同じような自由が、全員に保障されることが必要なのだ。

平等と自由。これらの実現がいかに難しいかは、現実をちょっとふり返ってみればすぐ分かる。世の中は不平等と不自由に満ちている。もちろんルソーはそれを十分承知していた。だからこそ、平等と自由を彼の理想社会の条件としたのだ。だが、ルソーにおける平等と自由を理解する難しさは、もっと手前のところにある。というのは、彼が社会契約が結ばれる条件とする、相互性としての平等、そして自由が、いったいどういう次元にあるどんな内実のものなのかが、とても分かりにくいのだ。

さきほどの引用に戻ってみよう。そもそも自分を完全に譲渡するとはどういうことだろう。そんなことをしたら、手元に何も残らないのではないか。そうなったら、人は共同体の言うとおりに生きなければならず、全く自由ではなくなるように思える。

ところが、ルソーはこれを自由だと言い張る。その理由は、「各人はすべての人に自分を与えるから、誰にも自分を与えないことになる」からだという。だが、これが何を意味するか分かるだろうか。すべての人に自分を与えることが、なぜ誰にも自分を与えないことになるのか。現にすべての人に自分を与えているではないか。

つまりここで、共同体に自己を完全に譲渡することが、誰にも自分を与えないこと、すなわち自由なままであることとつながる、この意味がさっぱり分からないのだ。

またルソーは、「各構成員は自分に対する権利を他者に譲り渡すが、それと同じ権利を他者から受け取らないような構成員は誰もいないのだから、人は失うすべてのものと等価のものを手に入れる」と言う。自分の権利を他者に譲渡する、はとりあえず分かったことにする。しかし、同じ権利を他者から受け取るとはどういうことだろう。そして、得るものが失うものと等価だから、相互性としての平等が成り立つというのも、何だかよく分からない。

これは、ルソーの社会契約論の最も核心的な部分、つまり一般性の問題に触れるテーマだ。そして、ルソーにおける自由と相互性の理念は、一般性あるいは一般意志と不可分に結びついている。だから、一般意志の問題と、その一般性がどういう次元にあるのかを理解しなければ、なぜルソーが、人はすべてを譲渡しながら以前と同じように自由だなどと言えたのかも分からない。

そこでこれから、一般意志という、ルソーの社会契約論で最も難解な考えに踏み込んでいくことにしよう。

## †契約の一方の当事者が全体であること

ルソーの社会契約において、一般意志が現れるプロセスがどのようなものか、はじめに述べておく。ホッブズの社会契約を思い出してほしい。そこでは、人は別の誰かと一対一の信約を交わす。自分以外の全員との間で交わされた個別の約束が集まって、一つの巨大な社会契約をなし、人々の権利と力が合成される。そしてその契約条項には、第三者として主権者を立てるという内容が含まれている。こうして、一種類の契約（信約）だけで、政治社会、つまりリヴァイアサンが成立する仕掛けになっている。

これに対して、ルソーの社会契約では、主権者が第三者であることは絶対に忌避されなければならない。なぜなら、人々は契約によって自由を得なければならないのに、契約当事者の外部に主権者を置いたのでは、主権者によって契約当事者が抑圧される危険があるからだ。つまりここでルソーは、ホッブズの社会契約論に含まれうる「絶対主義」的な要素を、何としても避けるべきだと考えているわけだ。

ルソーの社会契約は、次の難問を解かなければならない。最強で長持ちする国家、しかも自由で抑圧のない国家を、シンプルな一つの契約によって形成するにはどうすればよいのか。この問題にルソーが与えた解決はとても奇妙だ。だが結局、よくよく考えればそれ以外の方法はなかったのだと納得させられる。彼の独創性をもってしてしか思いつかないような構成なのだ。

ルソーは社会契約を、ホッブズのように個人と個人との対等な関係とはしない。その代わりに、個人が全体と約束するという、非常に奇妙な契約を持ってくる。

結社行為は、公衆と個々人との間の約束を含み、また各個人は、いわば自分自身と契約している。そのため二重の関係で——すなわち、主権者の成員としては個々人に対して、国家の成員としては主権者に対して——約束していることになる。(『社会契約論』第一篇第七章)

またしても、何を言っているのか分からない。念のため言うが、このわけの分からない文章はすべて、私でなくルソーが書いたものだ。彼の社会契約の当事者は、一方では個人である。それはまあ、私でもあなたでも、普通にそのへんに転がっている人だ。ところがもう一方の当事者が、とても特別で不思議な存在なのだ。右の引用では、それは「公衆」あるいは「主権者の成員」と表現されている。他の箇所では、「自分がその一部分をなしている全体」だとか、「一つの精神的で集合的な団体」「共同の自我、生命、意志」を持つ

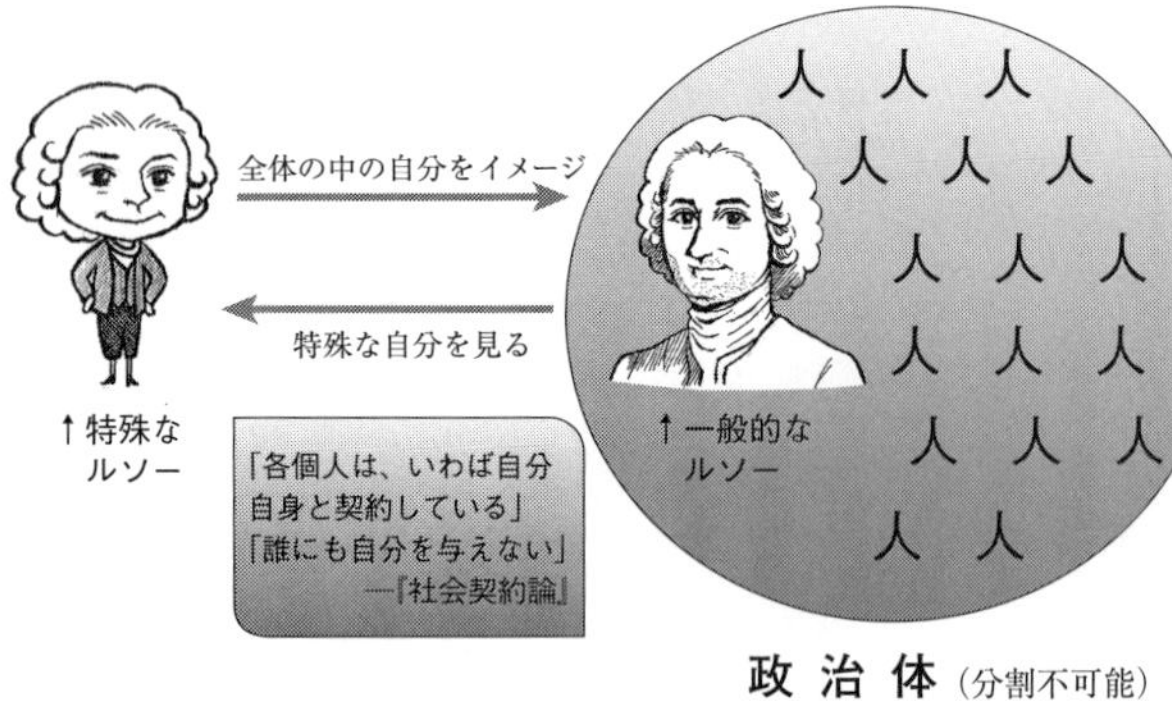


ルソーの社会契約

存在、「公的人格」「分割不可能な全体」などと表現されている。さらにこれを言い換えると、共和国あるいは政治体になるとも。

つまり、契約当事者の一方はただの人なのだが、社会契約を結ぶ時点ですでに、もう一方の当事者としての政治体、あるいは共同性を担った何かが現れているのだ。さらに、このもう一方の当事者のうちに自分が含まれている。ルソーはいったい何を言っているのだろう。自分が、自分を含む全体と契約する。なかなかうまく説明できなくてごめんなさいなのだが、ここでルソーが考える契約のプロセスは次のようなものだ。

まず、ただの普通の人が「社会契約を結んで新しい社会を作ろう。自分はその中に入ろう」と考える。その瞬間、その人は他方の契約当事者、つまり政治体の一員としての自己をイメージしている。つまり、その内部に自分を含む全体との間で結ばれる契約が、社会契約なのだ。

細かいところは理解できなくても、ともかくこの話を受け入れてみよう。そうすると、一回の契約で、政治体あるいは国家が作られ、しかもそこには、契約当事者全員が含まれることが分かるはずだ。そして自分もその一員に含まれている。つまり、人民主権による共同体形成が、一種類の契約によって一挙に成立するのだ。自分を含む契約者全員が主権者となり、全体としての共同性そのものを形づくりながら、しかも人が以前と同じように自由であるような契約。これが、自分と自分を含む全体との契約、つまりルソーの社会契約なのだ。

そして契約と同時に現れる、というより一方の契約当事者として現れるのが、主権者すなわち政治体、あるいは新たな共同社会である。さらに、この共同社会、つまり政治体が担う意志が一般意志なのだ。

## 4　一般性と特殊性――一般意志について

### †一般意志は特殊意志の総和ではない

一般意志は『社会契約論』の中で一番有名なことばかもしれない。だがその意味内容ははてしなく分かりにくい。以下では「一般」「意志」のうち「一般的であること」「一般性」とはどういうことかを中心に、このことばの意味を探っていく。

はじめに、ルソーが一般意志をどんなものだと言っているかを簡単に述べておく。一般意志は、共同体メンバー一人一人の意志を単に足し合わせたものではない。つまり、特殊なものをいくら足していっても一般意志にはならない。一般意志は特殊意志の足し算（総和）とは異なるものなのだ。また、一般意志とは法を作る意志である。逆に言うと、一般意志に合致しない法は法ではなく、法は一般意志の行為であるときだけ法である。

この時点では、ルソーと私が何を言っているか分からなくても気にしなくてよい。これから一般性とは何かを説明していく中で、特殊と一般の問題、そして法が一般意志の行為であることの意味について徐々に理解していってほしい。

## †個の視点と全体の視点

ルソーの一見奇妙で想像しにくい社会契約は、こうして一般意志へとたどりつく。だがこの説明だけではまだよく分からないと思うので、視点の問題としてルソーの契約をもう少し説明しておく。

ルソーの社会契約において、政治体の内部にいる人は三つの名称で呼ばれる。まず、法を作り政治に参加し、共同体を動かす「市民」だ。この人は一方で、契約によって作られた政治体において、自ら納得した上で法やルールに従うことになる。そのため「臣民」（ここでは「従う人」の意味）とも呼ばれる。そして、政治参加者である市民の集まりを全体として見たときには、「人民」と呼ばれる。

そしてこの人民を、国家の機能として見た場合には「主権者」となる。ここに、主権者が人民であること、すなわち人民主権が成立している。ここで起きていることは何だろう。

私は政治に参画する能動的な市民であると同時に、自発的に法に服従する臣民でもある。市民（人民）である自分が作った法に自ら進んで従うのだから、従う人＝臣民でありながら、同時に自由でもある。そして、政治体にいるみんなを合わせて見た場合には、私を含む彼ら（あるいは私たち）は、人民かつ主権者である。

そして、これら三重（あるいは四重）に規定された「一般的な自分」が、もう一方の契約当事者である「特殊な自分」と約束をとり結ぶのだ。ではこの図式の中で、ルソーの自己は、「全体の一部」と「ただの人」の二つに分裂しているのだろうか。そうとも言える。だが、ばらばらに引き裂かれて一体感を持てないことが分裂だとするなら、そういう状態ではない。ルソーにとっては、一方の自分と他方の自分、全体の一部としての自分とただの人としての自分とが共存していることが、政治社会の中に生き、それと同時に自分だけの生を生きるということなのだ。

つまり、人が両方の視点に立てること、そしてふだんはただの人でしかない共同体のメンバーが、政治に参加するときには市民となること、すなわち全体の一部としての「一般的な」視点に立つことが、ルソーの政治社会にとって必須なのである。人は、政治体の参加者あるいは主権者としては一般的な視点に立ち、一般意志に従って行為しなければならない。

人がただの人であることについては、とくに努力を要しない。というか、この人は政治的観点から見ると受け身であって、一般意志が課す法に従うという条件だけを受け入れれば、自分の好きなように生活を営めばよい。これに対して、政治に参加する方の人、全体の一部となり、一般意志を自らの意志とする人、そして受動的にではなく自発的かつ自由に法に従う人には、そう簡単になれるものではない。

でもそうなれなければ、また、自分を含む共同体全体を契約の相手としてイメージできなければ、社会契約は結ばれず、約束による結合は決して生まれない。だから、一般性への到達が簡単でないとしても、すべての社会メンバーがそこに到り着かなくてはならない。

## †一般性と特殊性の対比

ここまで来ると、じゃあ全体の一部としての人間とはどういう人で、その人の意志が一般意志に合致するとはどういうことかを説明しなければ、どうにも先に進めない。だがこの一般意志というのが、本当に困ったことに、ルソーの社会契約論の中でいちばんさっぱり分からないところなのだ。

そこで、ここからはゆっくりじっくり説明していこう。一度に分からなくても、さまざまな角度からの説明を合わせて、だんだんとイメージを作っていってほしい。そしてこの説明が、ルソーのところだけで終わらないほど、一般意志は巨大な難関だ。そこで次に取り上げるロールズの思想を、ルソーの一般意志についての現代的解釈として位置づける。それもすべてひっくるめて、全体としてルソーの一般意志の所在を理解してもらえればと思う。

最初に取り上げるべき重要な論点は、ルソーがつねに一般意志を特殊意志と対比している点だ。市民、つまり全体の一部としての自分にとって、一般意志とはどのようなものだろう。そして、どうすれば一般意志にたどり着けるだろうか。これは言い換えると、どういう観点からどんなプロセスでものを考えると、個人の意志が一般意志に近づき、逆にどういう観点に立つなら一般意志から離れてしまうのかということだ。

このことは、一般意志の「一般性」をルソーがどう見ていたかを理解してはじめて分かる。彼は一般意志を、くり返し「特殊意志」と対比させている。ルソーは対比が好きな思想家だが、これはとくに重要で見逃せない。一般と特殊の対比は、すでに「政治経済論」に現れる。ここでルソーは、大きな社会の中にある、より小さな社会における一般的な意志が、大きな社会から見れば特殊意志にすぎないとして、両者を対比している。

そして『社会契約論』でも、彼は何度も一般意志を特殊意志との対比で語っている。たとえば、「人間としての個人は、市民として持っている一般意志に反する、あるいはそれとは異なる特殊意志を持つことがある」(第一篇第七章)、「特殊意志はその本性上、自己優先の方へ、一般意志は平等の方へ傾く」(第二篇第一章)など。

ここでいう一般的なものと特殊なものの対比を理解できれば、個人がどのようにして一般意志にたどり着くかについてのルソーの考えに、かなり近づける。そのために、ライリーという政治思想研究者が書いた、『ルソー以前の一般意志』(一九八六年)という本を参考にしてみよう。

## †「一般意志」の概念史

一般意志ということばはルソーが発明したと思っている人もいるだろう。私もこのことばの歴史を深く考えたことはなかった。だがライリーによると、一般意志という考えはアウグスティヌスを通じて中世神学に流れ込み、そこからマルブランシュ(Nicolas de Malebranche, 1638-1715)によってその後のフランス哲学に影響を与えた。つまり、かなりの歴史的厚みを持ったものなのだ。マルブランシュなんて聞いたこともないかもしれない。スイーツのような名前だが、一八世紀のフランス語圏ではずいぶん読まれたようだ。

中世以来、キリスト教神学の中で問われつづけていたのは、神の完全性とこの世の不完全性という、宗教上根本的な問題だった。神がこの世界すべての創造主であるなら、なぜ世界はこんなにも悪に満ちているのか。完璧な存在なら世界を完璧に作ることもできたはずなのに。そして、たとえ世界が完璧に作られていないとしても、神が創造主としてこの世の生ある者すべてを救済するのは当然の責務だったはずだ。それなのに神はなぜ、どのような基準で、不完全な世界に生きる者の中で、救済される者と救済されない者を選別するのか。

　こうした問いに、キリスト教は「神の意志」という観点からある答えを与えようとした。神はなぜ完全な世界を意志しなかったのかというのは、問い自体が間違っている。神はたしかに完全な世界を意志したのだ。だが、人間の堕落、具体的にはアダムが知恵の実を食べたことによって、人間の側が神を裏切ったのだ。この世界に悪がはびこるようになったのは、神の意志ではなく、人間が神に背く意志を持ったことによる。そしてこの人間の罪、すなわち原罪以降、神は被造物のうち特定の者については、救済しないという意志を持つようになった。これが神の「特殊意志」である。

「被造物のうち特定の者については救済しない」を逆に言うと、神は基調としてはつねに、すべての者の救済を意志しているということだ。そしてこの基本的な神の意志、全般的な世界についての神の思いを「一般意志」と言う。したがって、話はこうなる。神は一般意志の次元ではすべての者の救済を意志している。だが原罪以降、神の「特殊意志」は特定の者の救済を拒むようになった。つまり、全能の神の一般意志に背く人間の自由意志が介在してはじめて、神はある者を救済するかしないかについて「特殊な」意志を抱くようになったということだ。

　ここでの一般性と特殊性の対比が、マルブランシュからモンテスキューを経てルソーに流れ込むというのがライリーの見立てになっている。これを順に見ていこう。

マルブランシュの一般意志論の中で重要なのは、神の意志の一般性を「一般法則」として捉える点だ。神学の伝統の中での一般意志と特殊意志の対比を念頭に、マルブランシュは次のように言う。一般意志とは、神があらかじめ持っている意志で、それは一般的かつ単純なものである。ここで「単純」という語に戸惑うかもしれない。だが、この世界を支配する法則が単純であればあるほど、それは一般的な神の意志が支配していることの証拠になるのだ。

世界が単純に記述され説明されるほど、それを設計した神の全能が人間に意識される。シンプルな法則が世界を永遠に支配する。これこそ神の意志を強く予感させるものだ。マルブランシュはこのように、神の一般意志をこの世界全体を支配し統御する「一般法則」として理解しようとした。

これに対して、特殊意志はあとから来る。それは永遠不変の一般意志に対して、具体的で変わりやすいものにすぎない。特殊意志は個物や個々の事象だけに関わり、一般性と法則性が欠如している。

神は永遠に、そして不変なやり方で、一般的な法則によってこの世を支配する。これこそ一般意志であって、一般性は法則性、規則性、変わらなさと結びついてはじめて、神の全能を適切に表現することができる。一般性は、あれこれの個物に応じて、あるいは具体的な対象や状況に応じて変わってはならない。一般vs.具体・特殊、一般vs.恣意（気まぐれ）という対比が、ここに表れている。

## †モンテスキューからルソーへ

この対比がルソーの一般意志に引き継がれる。一般意志は具体的なものに関わってはならない。一般意志は個人が自分の特殊な利益だけを考える場合には決して明らかにならない。一般意志は曇らされることがあっても、失われることはない。一般意志は誰一人例外を設けない。一般意志は市民の中の特定の個人や一部分について考えたり適用したりすることはできない。

これらはすべて、一般意志が一般的であって特殊と鋭く対立することを念頭に置くと理解できる。だがここでマルブランシュからルソーに一気につなげてしまうと、この言葉が宗教的文脈を超えて政治的含意を持ちはじめるときの、理念の広がりやふくらみのようなものを捉え損ねる。そこでライリーがマルブランシュの神学的一般意志からルソーの政治的一般意志への最も重要な媒介項とするのが、モンテスキュー（Charles-Louis de Montesquieu, 1689-1755）である。

ライリーによると、モンテスキューはいろいろな箇所で、一般と特殊とを意識的に対比している。たとえば『法の精神』第一一篇には次のような一節がある。イタリアの共和国では同じ団体（ときによって執政官とも行政官とも為政者とも訳される magistrat の団体）が法の執行者であると同時に法制定者である。そのため「この団体は、一般意志を通じて国家を破壊できるだけではない。司法権も持っているため、特殊意志を通じて市民一人一人を破壊することもできるのだ」。

この用例には解説が必要だろう。ここからはライリーの論旨を離れて、モンテスキューとルソーにおける「一般性」と法との関係について説明しておく。モンテスキューにとって、法を作ること、つまり立法権力は一般意志に属する。では司法権力あるいは裁判権はどうだろう。考えてみれば分かるのだが、裁判とは、個別の事例に法を適用し、裁定を下すことだ。個々の事象や事件に適用される以上、ここで行為を生み出す意志は特殊なもの、すなわち特殊意志に属する。

そしてこの区別は、そのままルソーに引き継がれる。彼は『社会契約論』で次のように言う。裁判を行うことは個々の人間や個別事件に法を適用することだから、一般意志ではなく特殊意志に属する。したがって司法権の行使は、主権者としての人民の行為には含まれず、人民から委託を受けた為政者の行為にすぎない。

つまりルソーはモンテスキューから、立法行為が一般的な行為、あるいは一般意志に基づく行為であること、そのためそれは決して個別の事柄や個々の市民に直接関わってはならないことを学んだ。モンテスキューについては、このことはしばしば三権分立の文脈で語られるが、根本にあるのはむしろ法の一般性についての考えである。

モンテスキューにとって、「法の精神」とは一般的精神であり、それをどうやって発見するかが問題だった。この一般的精神は特殊な精神とは異なる。つまり、法は特殊なものに適用されるが、法そのものが特殊であってはならない。それはマルブランシュの神の一般意志＝一般法則になぞらえられるような、特殊を超えた一般性を持たなければならない。

ルソーはこの一般的精神を、主権者としての人民の意志に読み替えることで、モンテスキューからその最も核心的な問いを受けとった。しかもそれを、「人民主権」という理念と結びつけた。ルソーにとって、一般性を発見するとは人民の一般意志を発見することである。ではどうやったら、人民の意志である一般意志を発見できるのか。

### †神学の反転

ここから先に進む前に、中世神学からルソーに至って、一般意志の何がどう変化したかを押さえておきたい。

出発点にある神学では、神の一般意志に人間の自由意志＝悪が介在することで、神が特殊な意志を抱くようになるという考えがあった。ここでは、人間の自由意志は神の一般意志を害する「原罪」であり、自由意志とは罪の別称である。キリスト教は、意志すること、すなわち人間の自由とは傲りと罪のしるしであって、自由意志を捨てて神に服従することこそ信仰であると説く。

ところがルソーにおいては、人は自由な意志を抱くことでのみ一般性に達することができる。つまり、全能の神の一般意志と罪多き人間の自由意志とが対比されるのではなく、人間の自由意志が全能の一般意志を生み出す。ここには神学の反転がある。これはなんというか、ルソーの思想が神をも畏れぬ地点に達していることの証拠になっている。

モンテスキューはどうかというと、彼は法の一般性を言うけれど、それが人間の自由意志による社会契約から生じるとは決して言わない。人間の意志による結合が生み出す一般意志こそが一般的な法を生むと言ったところが、ルソーの過激さ、そして神を必要としない近代性の徹底ぶりを示しているのだ。

キリスト教においては、特殊なもの、具体的なものは、肉に関わり欲望に関わり、終わりあるもの腐敗して無に帰するものにほかならない。それはかぎりあるもので、時空と経験世界の限界を超えることがない。そんなものに限界づけられた人間が自由意志を持つこと自体、そもそも罪なのだ。だからそれをきっかけに、神はかつては必要なかった特殊意志を抱くようになった。

これに対してルソーにおいては、肉に関わる具体的存在であるはずの人間の自由な意志こそが一般性を生み出す。しかもこうして生まれた一般意志は、特殊で具体的な「ただの人」の世界に直接干渉することはない。それらを規定しかつ超越する一般性の次元、つまり法の制定にだけ関わるのだ。肉的存在たる人間は、結合することによって肉の具体性(＝ただの人)を超える一般性、言ってみれば神のごとき能力を手に入れるのだ。

## †一般性と多様性、あるいは政治的自由について

人間たちが自由意志によって社会を形成すると、そこに同時に一般意志が現れる。もともと神の意志であった「一般的なもの」が、人間が持つ約束する力によって生まれるということだ。ここで人間は、神のごとき能力を持ち、約束を交わすだけで一般的なものに至るという、何だかすごい存在に格上げされているように見える。

たしかにルソーには、現状を否定すればするほど理想が崇高になっていく傾向がある。だが、ルソーの一般性は、何と言えばいいのか、ものすごく一生懸命そこに届くために努力しなければならないのだが、いったんその視点に立てばそうでしかありえないものでも

ある。それをルソーは、「一般意志は過たない」という短い言葉で表現した。「一般意志は過たない」とはどういうことだろう。このことは、一般意志が絶対であって、個人が少しでもそれに反することを意志するなら、間違いとして正されなければならないというふうに受け取られてきた。そしてこれが、全体の意向に沿わない個人に対して、異論を述べる自由を抑圧するともみなされてきた。

フランス革命が恐怖政治に行き着いたのはルソーのせいだ。あるいはもっと広く、革命がつねに粛清に終わることと、ルソー的な民主主義における「全体の統一性」への傾倒とは本質的に関係がある。こんなふうにルソーを読む人もいる。

たしかに彼自身が、一般意志と自分の意志が違っていたら、自分の方が間違っていると思えと言っている。これは何だか、全体主義の思想統制のようにも見える。だがルソーにとっては、というより彼が考える一般性の内容からするなら、一般性を特殊な自己より優先するのは当たり前のことだ。一般性は、多様性と自由を抑圧するどころか、自由を実現し、また多様性を尊重するためにあるのだから。

すでに述べたように、一般意志の一般性には、法則あるいは法という意味が含まれている。法則や法の特性とは何だろう。それは、いつでも、誰にでも、何にでも、同じように適用されるということだ。例外を設けず、そのときどきの事情や適用される対象によって変わらないということでもある。それは、具体的なものや個別のものを考慮の外に置くことで成り立つ。

例外を設けず、誰にでも同じようにあてはまる。このことは、相手がするのと同じことをする、相手が権利を譲渡するから自分も譲渡するという相互性が、一般的な次元で成立していることを意味する。ここで一般的な次元とは、全員が同じように全体へと権利を譲渡する、そういう次元のことだ。この次元に立って事態を眺めてみると、個別の誰かに対しては誰も何も譲渡していないことが分かる。つまり、特殊としての個人が一般としての全体へと自分を譲渡するのだから、特殊の次元での別の誰かには何も譲っていないということだ。

もはや何が何やらさっぱりという読者もいるかもしれない。特殊と一般については、ロールズのところで、無知のヴェールの解説の中でもう一度取り上げる。そしてこちらの説明は、ルソーに即しての今の説明より分かりやすい（はずだ）。だから分からなければここは読み飛ばしてほしい。

話を戻すと、では、一般的な次元、つまり自分を含む全体へと力と権利を譲渡すると、どんないいことがあるのだろう。これについては、次のように考えてみたい。特殊と一般の対比を用いて説明すると、特殊の世界とは、不規則な世界である。そこでは、たとえば不意の暴力や「法外な」要求、理屈に合わない搾取などの悪い事態がいつ起こってもおかしくない。そして、一般性が欠如している、つまり法がないのだから、それを裁くことすらできないのだ。

つまり、特殊だけの世界とは、ホッブズの自然状態に似た、法もなければ正義もない世界なのだ。そこで人間たちは、何の一般性も持たずに特殊と特殊として対面するので、その関係はきわめて不安定で壊れやすい。この状態にある人間は、たしかに自由かもしれない。外から強制される一般的な法がないのだから。だが、この自由は不意の侵害に対して全く無力で無防備だ。だから何でもできるようでいて、できることはあまりない。つまりは法も正義もないことによる、自由のもとでの不自由に甘んじなければならないのだ。

社会契約において、人が一般性の次元をイメージし、そこに自らの権利と力を預けることを約束する。そのとき人は、一般法則かつ一般的な法である「一般意志」を、他のすべての人々とともに持つことができる。この人々は共同で、全員に例外なく適用される法を発見する。つまりは立法を行う。それによって約束を交わすそれぞれの人は、特殊な自分にとどまっていては決して到達できない世界にたどり着く。ルソーにとっては、この世界こそ「政治」が生まれる場所であり、人が政治的自由を手に入れる場所なのだ。

人は社会契約を結ぶことで、それ以前の惨めで無力な自由に代わって、一般意志を分け持ち、立法に携わる政治的自由、法のもとでの自由を手に入れる。この自由は、契約以前の荒廃した世界における特殊な自由と対比される、一般的自由と言ってよい。つまり、ルソーにおいて、特殊なものとは自己の利益や個別事情に関わる「ただの人」の生であり、これに対して一般的なものとは政治的なものなのだ。そして、主権者としての人民が政治に関わるとは、人が一般的な次元に立ち、他者とともに一般意志を行使することなのだ。『社会契約論』はそのものずばりのタイトルで人を引き込む本だ。だが、副題は案外知られていないのではないか。それは、「政治的権利（国法）の諸原理」というものだ。フルタイトルは『社会契約論、あるいは政治的権利（国法）の諸原理』となる。つまり社会契約を語るとは、政治的な権利＝国家形成によって創造される法（英語の right）を語ることなのだ。約束を交わすことで作られる社会は、政治的な社会であり、そこにはじめて生まれる一般的なもの、すなわち権利と法によって支配される社会なのだ。

そして、一般意志の行使である法によって治められる社会で、特殊としての人ははじめて人間らしい生を生きることができる。法が一般的に（誰にでも）適用されることで、特殊としてのただの人の生には、安全と平和が保障される。特殊な人々の集まりとしての社会に対して、一般性の次元で見た社会から法が与えられるのだ。それによって、特殊の世界の本質である多様性が守られ、人々は一人一人異なるただの人のまま、安心してそれぞれに異なる生を生きることができる。

## †一般意志は過たない

ここで再度、「一般意志は過たない」について考えてみよう。一般意志は過たないとは、一般意志は間違えようがないという意味だ。これはどういうことだろう。

一般法則が間違っている場合を想像できるだろうか。たとえば、万有引力の法則が、あるときには正しいがあるときには間違っているというような。そうなると、これはもう万有ではないし、法則でもない。つまり、この法則には一般性がなく、一般法則はいまだ発見されていないと考えるべきだ。

一般意志は過たないとは、何かこれに似たことを指している。一般性は例外を考慮しない。個別具体のあれこれに関わらないことで、はじめて一般性の次元が成立する。だから一般意志が一般意志である以上、それがときに間違っているなどということはありえない。その場合それは一般意志ではなく、特殊意志の一つということになる。つまり、自分の意志が一般意志と相反するなら、そのとき自分は特殊意志、ただの人として特殊利害に引っ張られているのだ。

こうして、「一般意志は過たない」を、ときに間違えるような意志は一般意志ではないという意味だと考えることができる。ここまでなんとかついてきてくれた読者にありがとうと言いたい。そのくらい一般意志はよく分からない。そして恐縮なことに、ここでまたしても、次の難関が待っている。それは、でもいったいどうすれば、人は一般性の次元に立ち、一般意志を発見できるのかという問題だ。ただの人であるあなたや私が、ある思考の道筋あるいはある視点をとることで、はたして一般的になれるのだろうか。なれるとすれば、それはどんな視点であり、どんなものの見方なのだろうか。

ルソーは、自分のことを考えることが全体のことを考えることと同義になるような思考の次元があると確信していた。だから契約と同時に一般意志が生まれるだとか、一般意志は過たないだとか、そんなことを平気で断言できたのだ。

だが悩ましいことに、ルソー自身は一般意志を発見する道筋、どうすればただの人、つまり特殊から逃れられない人間が、一般性の視点に立てるのかについて、多くを説明してくれない。だからこれまで、ルソーの一般意志についてさまざまな解釈が乱立してきたのだ。

とても申し訳ないのだが、ここで私は、ルソーに即して一般性の視点に立つ方法を語るのを断念しようと思う。なぜなら、このままそのテーマを追求していくと、問いが問いを呼び、まるで収拾がつかなくなることが分かったからだ。自分の力が足りなくて残念だ。

だが代わりに、ここでバトンをロールズに手渡したいと思う。というのは、ロールズが語った原初状態という仮想の状況設定の中に、一般性の視点に立つとはどういうことかについてのすばらしい説明が含まれているからだ。

つまり、一般意志を読み解くために私がとる戦略はこうだ。個人が一般性の視点に立つとはどういうことかを、ロールズの原初状態について解説する中で説明していく。それによって、ロールズの思想を社会契約論の伝統の中に位置づけると同時に、社会契約論の一八世紀における到達地点であるルソーの一般意志とは何かの最終的な説明を、ロールズ解釈に託すというものだ。

第 4 章

# ロールズ

*John Bordley Rawls*

## †ロールズの生涯と著作

ジョン・ロールズ（John Bordley Rawls, 1921–2002）は一九二一年、アメリカ合衆国メリーランド州ボルティモアに生まれた。父は弁護士、母は女性参政権運動家という「リベラルな」家庭で、彼は五人兄弟の第二子であった（期せずして、この本で取り上げた四人の思想家全員が次男である）。幼い頃に二人の弟を亡くしたが、その原因が両方とも彼からうつった病気であったことが、ロールズの思想形成に何らかの影響を与えているという人もいる。彼の思想の根底には、運不運や恵まれた境遇といったそれぞれの生の事情は、その人のせいではない、という考えがある。このことと、自分の病気がうつって亡くなった弟たちと生き延びた自分との境遇の違いを、わずか七、八歳で考えざるをえなかった彼の生い立ちには、たしかに何か関係があるかもしれない。

兄と同じく、寄宿制の私立学校からプリンストン大学に進み、哲学を専攻する。そこでノーマン・マルコム（ケンブリッジでのヴィトゲンシュタインの弟子）の講義を受けるが、戦争によって勉学の中断を余儀なくされる。一九四二年には、マルコムが軍に志願してプリンストンを去り、ロールズも一九四三年、大学の方針で卒業を半年早めて陸軍に入隊する。彼は歩兵として、ニューギニア、フィリピンを転戦し、降伏後の広島にも上陸した。

そこで原爆投下による広島の惨状をその目で見ている。

一九四六年には大学院に復学し、学位論文を仕上げる。そののちプリンストン大学で哲学講師を務めるかたわら、オックスフォード大学に留学した。一九五三年にコーネル大学助教授の職を得たあと、マサチューセッツ工科大学に転籍、さらに一九六二年にはハーヴァード大学教授となり、以後一九九五年までハーヴァードで教えた。

彼がすぐれた教育者であり、多くの研究者（この中には女性がたくさんいた）を育てた理由の一端は、ハーヴァードでの長年の講義をまとめた著書、『ロールズ哲学史講義』と『ロールズ政治哲学史講義』からうかがい知ることができる。テキストの真摯な読解を通じて自らの立場と読みの姿勢を明示する手堅い方法は、長年にわたって、なぜ、なんのために、どうテキストを読むのかを問いつづけた結果以外のなにものでもない。

主著『正義論』は一九七一年に出版されたが、ベトナム戦争と公民権運動に揺れるアメリカで、この本は一つの希望となった。正義を、社会に生きる一人ひとりが自ら選択すべき原理は何かという観点から考察する。こうしたロールズの明快な姿勢は、多くの人を惹きつけた。

一九七〇年代以降、政治に関して、あるいは社会的な事柄に関して、「何が正しい選択か」を問う試みが数多く現れる。こうした潮流は、科学と実証を標榜して価値判断に立ち入らないそれまでの政治学の傾向からの決別とみなされ、「規範理論の復権」「政治哲学の復権」として語られている。

ロールズの『正義論』は、つねにこうした動向の中心とみなされてきた。彼の理論は華々しい成功を収めたが、それに付随して多くの批判にもさらされた。ロールズはアメリカが生んだ偉大な政治理論家として、世界中から注目を集める存在となったのだ。だが彼自身は、学究の徒としての静かな生活を好み、また家族との暮らしを大切にしていた。そのため、マスコミに登場することも派手な取材を受けることも終生なかった。

ジャーナリズムを通じて自身の主張を広めるようなパフォーマンスから距離を置いた反面、自らの理論に向けられた批判に応えるためには、ロールズは多くの時間と労力を費やした。『正義論』以降の著作にはそういう意図で書かれたものが多い。これが、批判への応答によって生じたロールズの立場の変遷として捉えられ、彼の思想についての膨大な注釈や論文を生むことになった。

そのなかで出てきたのは、彼が特定の「善きもの」に肩入れしないことへの共同体主義者（コミュニタリアン）からの不満だけではない。ロールズの協働社会は怠け者に冷淡だとか、ロールズには正義はあるがケアはないなどと、ないものねだりとも言える批判が次から次になされた。そんなことはロールズに頼むことではなく、その論者が追求すればいい話ではないかと思うのだが。こうして、『正義論』の核心にある問いは忘却され、彼の思考の真髄も十分に理解されてきたとは言えない。

ロールズをめぐるこうした喧噪は今もやんでいない。だがこういうことは、概してばかばかしい些事であるように思う。彼の主著は『正義論』で、そこに不十分な点があったとしても、それが彼の主要な企図を揺るがすようなものでなければ、いちいち弁明する必要はない。放っておけばよかったのだ。

私はミシェル・フーコーの研究者なので、どうしてもこのように考えてしまう。有名になりすぎた思想家は、一〇年経てば忘れられる無意味な批判の集中砲火を浴びるものだ。もちろんこの二人のキャラクターは全く違うが、同じ時期に世界的有名人になってしまった点だけは共通している。

そして、ロールズとは対照的なフーコーの過去の自著への態度が、彼の著書にみなぎる自由の息づかいと、独創的な作品を生み出しつづける力になったと思えてならない。ひるがえって、ロールズの立場の変遷（に見えるらしいもの）を、彼の『正義論』自体の弱さと捉えるような解釈は、まじめすぎる人間の責任感を逆手にとった実にくだらないものだ。私はロールズが、『正義論』のスケールの大きさも彼の挑戦を可能にした情熱も理解しないまま揚げ足とりをする連中を相手にしないですむほど図々しければよかったと、ときおり考える。そして『正義論』の立場を、もっと建設的な方向に押し進める著作を書き継いでほしかったと思う。

だが、これこそないものねだりなのだろう。フーコーの自由奔放さが彼にああいう著作を書かせたように、ロールズの生真面目さが『正義論』を書かせたのだから。私は相当に人間性が低いので、ロールズの人格には到底ついていけない。だが、潔癖が誠実さとある種の思い切りのよさにつながる彼の思想とことば遣いが、「古き良きリベラル」という、忘れられかけているアメリカ的伝統の最良の見本である点については、疑いようもない。

### †なぜロールズを取り上げるのか

さて、ここまでホッブズ、ヒューム、ルソーと一七・一八世紀の思想家を論じてきて、そこからいきなり現代に飛ぶのは、いかにも唐突と思われるかもしれない。そこで、ロールズという思想家をなぜ取り上げるのかを、簡単に説明しておく。

社会契約論は、アメリカ革命とフランス革命という一八世紀の二つの革命において、象徴的な役割をはたした。その後も第二次世界大戦後の植民地の独立に至るまで、民族自決と国民国家形成の理論的支柱となりつづけた。ところが、国民国家形成が一段落し、それに伴って国民国家なるもののさまざまな矛盾や欠陥が露呈してくるにつれ、社会契約論自体が、「過去の思想」となりあまり顧みられなくなった。

こうした時代に、ロールズは『正義論』で社会契約論復興を試みたのだ。彼は、契約論の強みを現代に甦らせ、それによって社会正義に関して一定の立場を表明し、解答を与えようとした。そこでここではロールズの思想を、契約論の復興、とりわけルソーの一般意志に見られる「一般性」についての卓越した解釈を示したものとして、読み解きたいと思う。

長らくロールズは、「現代アメリカ政治理論」の枠の中で論じられてきた。そして「リベラル－コミュニタリアン論争」などという小さな諍《いさか》いにおいて、一方の代表のような役目をさせられてきた。これはとても気の毒なことだと思う。

はっきり言うと、北アメリカ特有の事情に依存するこのちっちゃな論争は、ロールズの思想の大きさにそぐわない。私はつねに、彼はヨーロッパ政治思想の伝統の継承者として、つまりもっと大きな背景の中で位置づけられるべき思想家だと考えてきた。以下はその線でロールズを論じる試みである。

この試みにはさまざまなやり方があるだろう。ここではロールズの思想を、社会契約論、とりわけルソーの一般意志の解釈を通じて自らの主張を展開したものとして描く。これは裏を返すと、ヒューム的秩序観に抗して契約論を擁護し、そのことを通じて社会契約論の現代的意義を最大限に示した思想家としてロールズを読むことを意味する。

社会契約論なんてアナクロな思想だ。私は長らくそう思いつづけてきた。では、なぜ、いま、というよりいまさら、社会契約論を取り上げるのか。その答えの一つが、『正義論』の中にある。

ロールズは、契約論の理論構成の中に、通常の人間の生と思考の延長上にはない、何か別種の視点が潜んでいると考えた。さらに、その視点がどのようなものかを明らかにし、そこに立ってみるよう読者を誘うことが、非常に大切だと確信していた。社会正義と誰もが守るべき基本的ルールについて、それ以外の通路では到達できない何らかの規範的原理へと人々を導くために。このことを全力で、あらゆる角度から実践した『正義論』は、とても大胆で、野心的で、しかしきわめて誠実な知と倫理と政治哲学の営みだ。

私はこの本を書こうとしたときから、近代政治思想史を読む際に、間に何も、誰も介さずにテキストと向き合いたいと思ってきた。極度の力の持続を要求されるその作業の過程で、いつも私を勇気づけてくれたのは、ロールズの『政治哲学史講義』と『哲学史講義』だった。彼自身がまさに、つねにテキストと正面から向き合い、その論理の中に全身で入り込んで考えようとしている。そして、思想家の意図を自分があらかじめ持っている尺度や手先で評価するのではなく、思想家自身に内在する可能性を再発見し再現することこそ自らの仕事だという、強い自負と謙虚さの両方をもって、思想家と対話しているのだ。
そこで以下では、二つの『講義』を傍らに置きながら『正義論』を読み解いていくことにしよう。

## 1 ロールズのヒューム批判

### †功利主義とヒューム

ロールズの『正義論』は、しばしば功利主義を批判したと言われる。功利主義は、快さを意味する「効用 utility」が最も大きくなるのをよいこととし、さらに効用の大きさを、道徳や倫理、また社会システムの善し悪しを測るための尺度とする。分かりやすく言うと、気持ちいいことが増えて気持ち悪いことが減れば、それだけいい世の中になる。こういう思想だ。

キリスト教信仰が失われつつあった近代ヨーロッパでは、人がどう生きるか、社会はどうあるべきかを考える際、従来は自明視されていた「神の意志にかなう」という基準もまた急速に力を失っていった。そこで、神に代わる道徳や社会的ルールの基準が探し求められるようになる。産業化が進展する時代背景の中で、この世の生活において個人が感じる快・不快を道徳の基準とする功利主義が、一九世紀以降に支持されるようになるのは必然だった。来世での救済や永遠の命ではなく、この世の快や満足の増大を道徳や社会秩序の基準とすることは、富と経済活動が中心的価値となった世の中にふさわしいからだ。

もちろん、功利主義以外の道徳原理を支持する人は今でも大勢いる。私自身つい最近まで、功利主義は「物質主義と個人主義へと道徳をおとしめる夢も希望もない道徳理論」だと思っていた。そのうえ、いまでは功利主義内部での立場の細分化も進んでおり、一括りにするのが難しい面もある。

ここでは話が複雑になりすぎないよう、ロールズとの関連だけを見ていくことにする。すぐに気づくのは、たしかに『正義論』の主要な標的は功利主義で、彼がその批判に多くの紙幅を割いていることだ。さらに、ロールズは少なくとも二種類の功利主義を別々の観点から批判している。

だがその話をする前に、彼の功利主義批判がどこから来るかに注目することが重要だ。ロールズは、古典的功利主義（ジョン・スチュアート・ミルやシジウィックの見解）に含まれる、快・不快を道徳の唯一の尺度とし、さらにそれらを比較したり合算したりできるという考えには、後ろ盾となる強力な道徳理論があったと考えている。この後ろ盾こそ、ヒュームの道徳理論なのである。だからまずヒュームを論じなければならない。ヒュームから功利主義への展開は、『正義論』第三〇節では、直線的な継承関係として描かれている。これはロールズが、ヒュームと功利主義の違いを理解していなかったからではない（ロールズは第六節で両者の違いに言及している）。ヒューム的な前提があってはじめて、功利主義という立場が可能になったと考えていたからである。そこで以下では、ロールズのヒューム批判を検討する。

## †「共感」への疑問

ロールズは『正義論』だけでなく、『哲学史講義』、『政治哲学史講義』でもヒュームを取り上げている。なかでも、一九七七年から一九九一年に彼がハーヴァードで行った哲学・倫理学の講義に基づく『哲学史講義』は、最初の五章がヒュームにあてられている。ヒュームがロールズにとってきわめて重要な思想家だったことは、こうした扱いからも明らかだ。

講義の中でロールズは、それぞれの思想家を自分の立場に合う／合わないという尺度で批判したり切り捨てたりすることを極力避けている。そのため、彼のヒュームに対する立ち位置は、直接にはそれほど明白ではない。だが『正義論』と併せて読むと、彼がヒュームの道徳理論の基本的な前提と推論に、強い違和感を抱いていたことが分かる。ロールズにとって受け入れがたかったヒュームの考えは、主に共感と一般的観点に関わるものである。そこでこれについて、順を追って説明していこう。

ヒュームを論じた章で、彼の「コンヴェンション」についてはすでに説明した。ロールズの読解では、コンヴェンションと並んでしばしばヒューム道徳理論の要諦をなすとされる、「共感 sympathy」の原理が問題になる。共感を厳密に説明するには、ヒュームの認識論にまで立ち入る必要があるが、ここではその余裕がないので、主なメカニズムを素描するにとどめる。

私たち（ヒュームにとっては読者一人ひとりを含む普通一般の人のこと）は、他の人がどんな気持ちでいるかを、その人の表情や言動、しぐさなどから推し量る。似たような状況下で、自分が抱いたことのある気持ちや感情の経験に照らして、この人はおそらくこんな気持ちでいるに違いないと推測するわけだ。これをヒュームは共感と呼ぶ。そしてその人が自分と近い経験や文化的背景を持っていればいるほど、つまり自分との共通性が高いほど、それだけ共感は容易になり、生々しいものになる。

ここでの共感の説明について、ロールズは次の点に注目する。ヒュームは『人間本性論』第三巻第三部第一節で、共感を他者と自分との共鳴、あるいは感染や伝染のようなものだと言っている。この箇所でヒュームは、有名な弦の比喩を持ち出し、人と人との共感はまるで隣り合う弦に次々と振動が伝わるようなものだと語っている。

だがロールズにとってみると、これはとても奇妙な共感の定義なのだ。というのも、私たちが誰かに共感する、シンパシーを抱くという場合に、その人とそっくり同じ気持ちになるわけでも、それが自分に伝染してくるわけでもないからだ。

ロールズは、たとえば病気でやせ細ってしまった人が、自分の弱々しい見かけを気にして恥ずかしいと感じる場合に、それを見た人が一緒になって恥ずかしい思いをするわけではないという例を挙げる。私たちはその人を気の毒に思うが、別に恥ずかしくなったりはしない。たしかに、「その人の状態は私たちのうちに、安心させ、助けてあげたいという欲求を呼び起こすかもしれない。だが、ヒュームが描くのはこの種の欲求ではない。彼が記述するのは、分与された気持ち imparted feeling である」(『ロールズ哲学史講義 上』一四五頁)。

ここでロールズは、ヒュームの共感の奇妙さについてこれ以上語ってはいない。だがこの指摘だけからも、ロールズとヒュームの立場の違いを見てとることができる。ヒュームにとっては、他者はその近さと類似性の度合いに応じて、人がその感情を自分のことのように経験することができる、現在のことばを使えば「感情移入」できる存在なのだ。人は近しい人の感情の中に入り込み、あるいは逆にその人の感情が自分の中に入り込むことを通じて、響き合う弦のように共鳴し、共感することができる。さらにヒュームはこうした一致と共鳴が、道徳の基礎として役立つと考えるのだ。人は共感を基点として、他者と自分に共通する感情を体験する。それが道徳への第一歩になると。

ところがロールズにとっては、たとえば誰かの不幸に接するとき、共感はその人と自分との距離や違いの中に生じる。ロールズにとって共感とは、その人の中に入り込むのでも、自分の中にその人が入ってくるのでもない。その人と自分との立場の違いを前提として、相手を気の毒に思い、何をしてあげられるかを考えるという、当人とは別の情緒を引き起こすのが共感なのだ。

つまりロールズは、自分と他者の情念や感情、気持ちを地続きに捉えるヒュームの共感の原理を、受け入れることができないのだ。ロールズは、人々が多様であること、そして人の立場が非対称であることを前提に社会道徳を考えようとする。その多様性が簡単に乗り越えられないからこそ、最低限同意できる共通のルールの根拠を、根源的な場面に立ち返って示すことが必要となる。そのために、共感とは別の装置が要請される。それこそが社会契約論的な装置であり、ルソーの「一般性」の次元に立つことなのだ。だがこれについてはもう少しあとで論じる。その前に、ロールズのヒューム批判をさらに見ておこう。

## †一般的観点と思慮ある観察者

ヒュームは、人々が素朴に抱く共感には著しい偏りがあることに気づいていた。彼の共感の定義によるなら、人は自分に近しい人や似た境遇にある人にはたやすく共感する。だが、遠く離れた見知らぬ人に対してはどうだろう。おそらくこういう相手には、自然な共感はほとんど起こらない。ヒューム自身が持ち出す例によると、たとえば中国で地震が起きて大勢の人が亡くなっても、遠い異国の出来事であるためなかなかピンとこない。中国の人々の窮状を自分のことのように想像するのは難しいのだ。

この偏りはあらゆる人、あらゆる場合に生じる。そのためこうした素朴で自然な共感は、道徳の基礎としてはあまりに不安定だ。仮にそれを基準とするなら、それぞれの人がそのときどきに共鳴できる人と立場をもとに道徳的判断を下すことになり、人の数だけ、また時と場合によって異なった判断基準が乱立することになる。そうなれば、多くの人に共有される道徳原理にたどりつくなど絶望的だ。

ヒュームはこの不都合を回避するため、「一般的観点」というアイデアを持ち出してくる。そして一般的観点に立つ「思慮ある観察者 judicious spectator」を登場させることで、人々は自分の共感の偏りを正し、他者と共有でき、また時間的地理的変化に耐えられる道徳的観点に立つことができると主張する。

思慮ある観察者というと、達人的な無我の境地にある人のように響くかもしれない。だがヒュームはその手の話はしない。彼は日常の延長上にある、凡人でも納得できる道徳原理の発見を目指していた。彼が共感を道徳の出発点として手放さないのは、誰もが経験するはずの「感じ」や情緒に訴えることからはじめたいからだ。

彼は、私たちの共感の程度や質が、相手との距離や関係によって著しく異なるという前提から出発する。誰かがひどく傷つき落ち込んでいるとする。それが大好きな人なら、その人を見た瞬間、私たちの情感はかきたてられる。だが、あまり関係のない人なら、たとえそのとき少し相手に同情するとしても、すぐにそのことを忘れてしまうだろう。

ところが、道徳的な判断に際しては、何かこれとは別のことが起こっているというのがヒュームの考えだ。たとえば、偉業を成し遂げた人を評価する際、「その人が自分と近いかどうか」に左右されない判断を下そうとするとき、何が起こっているだろう。私たちは、非暴力と糸車で独立を勝ちとったガンディーのすばらしさを評価する。そのとき彼が自分の親戚なのか、同じ国の人間なのかとは無関係に、彼の偉業を評価する視点をとっているはずなのだ。ヒュームはそこに注目し、一般的観点と思慮ある観察者という二つの仕組みで、これを説明する。

私たちがガンディーを評価するとき、彼がインド人であったとか、すでにこの世を去っているとか、そういうことを度外視しようとする傾向が働いている。つまり、自分の直接の交遊範囲とは別の視点から、彼を評価しようと試みるわけだ。ヒュームは、こういう場合に人は、自分と直接関わりがある人に共振し共感するのとは違った視点に立つという。その視点がなければ、道徳的判断は一回ごとに異なってしまい、一人の人間の中ですら安定した基準を得ることができないからだ。

私たちは、そのときどきの状況や関係に左右されないように、自分が置かれた個別具体的な状況の外部にある安定した視点を探す。すなわち、ヒュームの言葉では「一般的な観点」を探し求める。そしてその観点が得られたなら、以後は道徳的な判断に際してつねにこの視点に立とうと努める。この視点から判断する人こそ、思慮ある観察者なのだ。

ヒュームは、一般的観点と思慮ある観察者の視点はどのようにして得られるかを、さらに説明する。それは、私たちが自分とは遠いところにいる人の道徳性を判断する場合、その人のすぐ近くにいる人がどう評価するかを想像するというものだ。つまり、ある行為について、それを行う人自身の心情や人間性に入り込むのではなく、すぐそばにいて、その人から恩恵を受けたり迷惑を被ったりする人の立場に身を置くというのだ。

彼は、この視点がかなりの万能性を持つと考えている。だから、そこに立つことさえできれば、いつの時代のどの人についても、「もし自分がその人のそばにいれば、どう評価するだろう」と想像することで、安定した道徳的判断にたどりつける。

こうしたヒュームの議論に、ロールズは疑問を抱く。だがそれについて述べる前に、一般的観点に立つ思慮ある観察者をここで導入するヒュームのねらいについて、簡単にまとめておこう。

共感の原理から出発したヒュームは、それが持つ度し難い偏りと客観的基準のなさという欠点を埋め合わせるため、共感を拡張し、客観化する方法を探る。彼の目標は、自然で身近な、誰もが体験するような感情からはじめて、確固とした道徳原理にたどり着くことだ。そこで、そのままでは不安定な共感を、一般的観点と思慮ある観察者の導入によって安定させようとする。これがうまくいけば、多くの人に共有され納得できる、安定した道徳原理にたどり着けるからだ。

## †「最大多数の最大幸福」と共感のつながり

ロールズは『哲学史講義』の中では、ヒュームの道徳理論の特徴をこうした観点からまとめるにとどまっている。もっと踏み込んだ批評をすれば、自分の物差しで過去の思想家を評価することになるので、それを避けたのだろう。

そこで『正義論』の関連箇所、第三〇節を見てみよう。ロールズは、ここで古典的功利主義を批判している。彼が問題にするのは、古典的功利主義の道徳原理が、「最大多数の最大幸福」という目標を掲げる点だ。最大多数の最大幸福の実現形態はさまざまにありうるが、たとえば、ある人の快を相当量増大するために、別の人から何かが取り上げられたり、悲惨な境遇を受け入れさせられる可能性がある。古典的功利主義は、たとえば社会全体の快の総量が増える反面、貧富の差が拡大し、貧しい人がさらにみじめになるような社会を原理的には拒否できないというのだ。

このような可能性を持つ道徳原理を、個人が受け入れることがありうるのだろうか。ロールズによると、個人は次のように推論にすることではじめて、古典的功利主義の原則を受け入れることができる。その人は、社会に生きるすべての人の快苦を、当事者になりかわって味わう。一人、また一人と他者の中に入り込み、全メンバーの快苦をすべて経験した人は、それらの総計が最も大きくなる場合、つまり「最大多数の最大幸福」の実現を支持することになる。自分の幸福を犠牲にしてでも社会全体の幸福を増大させようとするという判断は、およそ人間には似つかわしくない。だが古典的功利主義は、この帰結を回避できない。

ロールズは、功利主義のこのような「度を超した利他主義」と表現すべき結論に異を唱える。さらにこの道徳的選択が、自分の感情と他者の感情とを分け隔てなく同じように体感できるという、共感のメカニズムをもとになされていることに着目している。

ここで鍵となるのは、他の人に入り込むこと、あるいはその人が感じるままに、他者の快苦を経験することだ。この発想がヒュームの共感からくることは、ここまでの説明から分かるはずだ。

ロールズはここで、「不偏・公平で共感能力のある観察者 impartial sympathetic spectator」という概念に注目している。ロールズはこの概念が、功利主義の道徳原理を可能にしたと考えているのだ。

仕組みはこうだ。まず、隣り合った弦のように他者と響き合う共感能力を備え、しかも一般的観点に立つ思慮ある観察者として道徳的判断を下せる人間がいる。この人（Aとする）は、遠く離れた場所での誰か（Bとする）の行為を、道徳的観点から評価しようとする。Aは評価に際して、評価対象となるBのそばにいる人物（Cとする）になりかわり、Cに生じる「感じ」を自分のことのように追体験する。これをもとに行為の道徳性に評価を下す。

ここで生じているプロセスは、自然で素朴な共感の場合と基本は同じだ。というのは、AがCに入り込み、Cが感じるのに似た感情を経験することが、一般的観点成立の鍵になっているからだ。

ロールズがヒュームおよび功利主義の根本的な問題とみなしているのはここなのだ。自分以外の人の感情や情緒をまるで自分のことのように感じる場合の、自己と他者の切れ目ない関係、自分の感情と他の人の感情とが交じり合い、区別されなくなるといった契機を、はたして道徳原理の基盤とすることができるのか。これがロールズの問いである。(9)

## †一般は特殊の延長にはない——ヒューム、ロールズ、ルソー

他の人の立場に身を置き、それが自分であったらどう感じるかを想像すること。こうした想像上の立場交換が道徳の基礎として役立つためには、次のような想定が必要になる。共感の場合なら、自分が感じるはずのこととその人が現に感じていること、一般的観点の場合なら、自分が感じるはずのことと行為者の近くにいる人が感じるはずのこととが、同じあるいは非常に似ているという想定だ。

ヒュームはこの想定を当然だと考えていた。彼はなぜそう考えたのだろう。これは、ロールズがヒュームの道徳理論を「心理学的」であるとみなす際に言及している、ヒューム理論の特徴から推測できる。

ヒュームは、人間本性を観察し、そこに共感の能力を見出す。ではなぜ人は共感するの

か。それは人間が、情念の一つとして共感の能力を備えているからだ。ヒュームはこの能力が存在することを、経験的な実例を用いて説明する。ヒュームにとって、「人間の自然＝人間本性」であるいくつかの能力は、それ以上の理由もなければ正当化もできない。それはそのようなものとして人間心理の中に備わっているという以外に、理由を持たないのだ。

ロールズは、人間本性がどのようなものかについて、見かけ上はヒュームと正面衝突するのを避けている。そして、道徳原理が発見されるプロセスを、ヒュームの心理学的説明ではなく、契約論という装置を用いて、別の回路で説明するというスタンスをとっている。だが、彼のヒューム論をよく読むと、そこには人間本性をめぐって、あるいは道徳原理の発見に関係する人間の能力や性質をめぐって、ヒュームとの間に根本的な立場の相違がある。

ヒュームにとっては、人間の感情は弦のように響き合う。ロールズにとっては違う。人は多様で、全く異なった人生の構想を持ち、共感とは他者に入り込むことではなく、違いの中で他者との関係を探ることだ。ロールズは人間がその多様性、差異、個人が自分自身であって他者とは違うことを、自然な感情の働きによって越えていけるとは決して考えない。誰もが自分の経験をふり返れば思い当たる感情や心理状態を基点として、社会的に安定した道徳の基礎を見出すことはできない。

そこで、共感と他者との響き合いに代わって彼が導入するのが、契約論的な思考装置である。先取りして言うと、そこで人はある種の合理性と理性的な考慮(熟慮)の能力を用いて、ロールズが推奨する「正義の二原理」を、社会の基本ルールとして選択する。

だがここで導入される契約論的装置というのが、これまたとても奇妙なのだ。実際、ヒュームの共感と比べてこちらの方が理解しやすいとはとても言えない。思い出したくないかもしれないが、ルソーについての章で、一般意志の一般性の所在について説明した。おそらくその分からなさに辟易しただろう。ルソーで挫折してしまってここまでたどり着いていない人もいると思う。だからこんなことはとても言いにくいのだが、ロールズが用いる契約論的装置は、ルソーの一般意志における「一般性」と同じ次元にあるのだ。

分からないことに分からないことを重ねるなんて、なんて愚かな著者だと思われるかもしれない。だが、少なくとも私の意図としては、ロールズの契約論的装置について説明することで、わけが分からないという以外に形容が難しいルソーの一般意志を、よりよく理解できるはずなのだ。

ヒューム批判によって見出された、以下の議論の出発点は次のとおりだ。ロールズは、人と人とが自然な感情や心理と地続きのままで、共通する道徳的基盤を見出すことはできないと考える。人は多様で、それぞれに個性を持った存在だからだ。言い換えれば、簡単には他者のことを自分のことのように実感できない。ロールズはこうした前提に立って、自己と他者が共有できる社会的ルールを、共感とは別の道を通って発見しようとする。

これはまた、一人ひとりの多様性や具体性から出発して、こうした「特殊」をいくらつなげていっても、「一般的なもの」には到達できないということでもある。これがロールズの考えで、この考えはきわめてルソー的だ。ヒュームにおいては、特殊がつながり拡っていくことで一般にたどりつく。さらに彼は、私たちは現にそのようにして道徳原理を発見していると考える。すでに見たとおり、ルソーは特殊と一般を偏執的なまでに区別した。特殊の延長にある一般など、カテゴリー上ありえない。それは、公的なものにルソーが与えた、「一般性」の神聖で特別な位置を無視するものだ。

ロールズも同じ考えに立っていると私は思う。彼から見れば、ヒュームの一般的観点は少しも一般的ではない。特殊が別の特殊に入り込むことで一般に至るなどというのは、一般的なものへの一種の冒瀆だ。ではロールズは、人がどうすれば一般性にたどりつけると考え、そもそも一般性の視点に立つことがなぜ必要だと考えたのだろう。次にこれを見ていこう。

## 2　正義の二原理

### †ロールズの狙いは何か——社会の基本ルールを定めること

ロールズの思想を解説した文章を読むと、「正義の二原理」という彼が支持する社会の基本原理が、たいした背景説明もなく書かれているものがある。そして、「原初状態 original position」における「無知のヴェール veil of ignorance」という仕掛けを用いて、彼がこの原理を正当化していると説明される。

この説明は、私自身がはるか昔、学部学生のころに聞かされたものだ。残念ながらこうした説明は、ロールズのイメージをかなりゆがめている気がする。というのは、現実から切り離された不自然な状態に人を押し込め、しかも無知のヴェールなる覆いをかけ、清廉潔癖だが現実には守れそうもない「正義の二原理」を選択するよう迫るなんて、宗教家か自己啓発系マジシャンのように見えるからだ。

彼が言ったことの結論だけを羅列するとかえって混乱を来すので、ここではこうした説明はやめて、ロールズの思考の展開に沿った話し方を心がける。彼は一見奇妙な装置や用語を使う。だからそれに惑わされないようにしなければならない。そして一歩踏み込んで、こう考えるべきだ。ロールズのような生真面目で奇をてらうことを嫌った思想家が、なぜへんな装置を使い、おかしなことば遣いをするのか。そこには必ず、考え抜かれた理由があるはずだ。

原初状態と無知のヴェールは、一つの考えを別の面から表現したものだ。人が、無知のヴェールがかかった状態で社会的なルールに関して選択を行う。そこで人々の間に合意が生まれる。その場面が原初状態だ。原初状態とは、社会メンバーが選択を行う「初期状態」で、そこには無知のヴェール以外にいくつかの条件が付されている(『正義論』第三章)。だが、こうした制約の中で最も重要かつ契約論的な条件は、やはり無知のヴェールだ。そこで原初状態と無知のヴェールをセットにして、ロールズの契約論的概念装置の主な構成を説明していこう。

最初にはっきりさせないといけないのは、『正義論』で擁護される正義のルールは、いつのどこの何に関わるのかということだ。まず、そのルールの適用範囲は、一定のまとまりを持った社会である。現存する政治的枠組みで言うなら、単位は国家とほぼ同じだ。それより大きな単位については、彼は『諸国民の法』の対象として、そこで考察している。単位を国家あるいは政治共同体に限定したとしても、そこでのルールすべてが『正義論』の考察対象ではない。それは、社会の基本的なルールだけに関わり、もっと言えばそこに生きる人たちすべてにとって必要な「基本財」のみに関わる。財といってもお金やモノだけではない。たとえば理由なく檻に入れられないだとか、好きな職業を選べるだとか、思想信条に干渉されないだとか、生の尊厳を保てる暮らしを保障されるだとか、そういった事柄も基本財に含まれる。

ここでロールズが設定する問いはこうだ。社会は、こうした基本財がどのように配分され、あるいは行使され、保障される場合に、正義にかなっていると言えるのか。このことについて、人々が一定の合意に達するなら、それは社会の基本となる仕組みについての合意にほかならず、社会的な基本ルールが策定されたと言える。

『正義論』でロールズがやろうとしているのは、こうした合意事項の発見、基本ルールの策定に尽きる。彼は道徳の細部や法律規則の詳細をいちいち定めようとしているわけではない。誰もが最低限守るべきルールとして、あるいは社会がそれに従って運営されるべきルールとして、正義にかなった諸原理が選択されるのはなぜ、どうやってなのか。『正義論』は、ロールズがそれを示すことだけに専心した著作なのである。

## †原初状態と無知のヴェール

ではなぜ特定の原理（正義の二原理）が他の原理に優先し、社会の基本ルールとして選択されるのか。それを示すためにロールズが導入する装置が、原初状態と無知のヴェールだ。

ロールズは、特定の社会に生きる具体的な人間が持つ感情や欲求については、ヒュームとさほど違った想定をしているわけではない。人は誰でも自分が大切で、好きなように生きたいと願っている。そしてまた、自分の家族や親しい友人を、見知らぬ人より優先したいと考える。これをヒュームのように共感の偏りと呼ぶかどうかは別にして、このままでは安定した社会的ルールも、そのための基準も得られないと考えるのも、ヒュームと同じだ。

違いはここから先にある。ヒュームは、他者へと入り込むことで自己を拡張していく共感の原理や、意図の読み合いによって生じるコンヴェンションから、社会的ルールの生成を説明する。だがロールズは、すでに指摘したとおり、共感からルールができ上がるという発想を拒む。このことはまた、意図の読み合い（つまりコンヴェンション）が失敗しかねないほどの多様性や個性を、人々の間に認めているということでもある。

人間の多様性とエゴイズム、そして近しい人を尊重する不可避の傾向を前提として、しっかりした基礎を持つ社会的ルールを見出すにはどうすればよいか。この問いに対するロールズの答えは、端的に言うと「知識の制約を通じて、実践理性の働きが情念を方向づけ、みなが合意できる基本ルールが発見される」というものだ。なんだか難しく感じられるかもしれないが、順に説明していく。

ポイントは知識や情報の制約にある。一見すると、情報が多ければ多いほど、人は正しい選択を行えるように思える。だが、ロールズにとってはそうではない。人は、適切なやり方で情報や知識を制限された方が、正しい選択を行える場合がある。そしてこの発想自体、きわめて契約論的なのだ。

ロールズは原初状態、つまり社会の基本ルールを選択する初期状態にある人から、自分についての特殊な情報をすべて取り去ることを提案する。たとえば私は、東京二三区のはずれに住んでいて、子どもが二人いる。かなり小柄だ。四〇代半ばなのに貯金は大してない。だが日々の生活には困らず、暇さえあれば何かに熱中したり空想したり、それを文章に書いたりして、妄想気味に過ごしている。原初状態は、私からこうした自分に関係する特殊な知識をすべて消し去ることで成立する。

反面、原初状態にある人は、その社会の全般的な状況については可能な限り知識や情報を持っていなければならない。日本を例にとるなら、どんな憲法を持ち、人口と年齢構成はどのくらいか、貧富の差はどうなっているか、標準的な教育はどんなものか、社会保障はどのような仕組みか、などなど。その社会の構造を定める主要な特性について、できるかぎりの知識を持ち合わせている必要がある。

ここで、特殊と一般の語を用いてこれを言い換えてみる。原初状態の人間とは、特殊な知識一切を取り去られる一方で、一般的な知識のすべてを持っているような人である。そしてこの知識のあり方、自分については何も知らないが、社会全般とそこでの人々の生についてはよく知っているという状態を、ロールズは「無知のヴェール」がかかった状態と呼ぶ。

『正義論』第二四節、「無知のヴェール」と題された節は、絶句するほど鋭く力強いアイデアに満ちている。ロールズは、原初状態では人はみな同じ選択をすることが明らかなので、合意は全員一致になるという。「すべての人は等しく合理的で、また同じような位置にあるので、どの人も同じ論証によって説得されることは明らかだ。だから、私たちは原初状態における合意を、無作為に選ばれた一人の観点から考察してもよい」（一八八頁）。つまり、一人を取り上げても、全員を確認しても、選択の結果は同じになる。だから、誰か一人がどの原理を、どんな理由で選ぶかが明らかになればそれで十分だと言うのだ。

どうしてこんなことを自信を持って言えるのか。ロールズは「リベラル」で、人間の多様性を認めているはずじゃなかったのか。それなのに、誰か一人の選択だけ見れば、他の人は確認する必要もないなどと、なぜ言えるのか。ここでふたたび、多様性（特殊）と一般性との関係というルソー的問題が出てくる。

ロールズはルソー、そしてホッブズとともに、人間の多様性を保つような社会的ルールの形成を目指す。そしてそのためには、多様性を個別具体の視点からではなく、一般性の視点から眺める必要があると考えるのだ。

個別具体的状況や境遇についての特殊な知識をすべて遮断される一方で、その社会がどのような状況にあり、どういう意味で多様な人々から成り立っているかについての一般的知識はすべて与えられるという、無知のヴェールがかかった原初状態は、多様性を一般性の視点から眺めるための装置なのだ。つまり人は、情報や知識が制約された原初状態にあってはじめて、多様性を個別の観点ではなく、一般的な観点から捉えることができる。

ロールズにとっては、原初状態こそが一般的観点を与えてくれる。これはルソーの「最初の契約」、すなわち原初契約になぞらえられる、「原初の」状態なのだ。それは、ヒュームの original の二つの用法を使って説明するなら、原理的、論理的な意味、あるいは「根源的」という意味で、秩序が生成する場所にほかならない。

たしかに、歴史的、具体的な意味では原初契約も原初状態も存在したことなどない。誰も社会形成のための契約を結んだ人がいないのと同じように、無知のヴェールに覆われた状態を実際に体験した人などいない。当たり前だ。だがルソーやロールズにとって、一般性の次元に立つとは、実体験や歴史的経験とは全く別のことなのだ。それは多様性を、実生活と地続きの視点からではなく、それらをすべて遮断した場所から眺めることではじめて到り着く場所なのだ。

そこで人は、等しく合理性を備えた他のすべての人と同じ選択を行う。これはどういうことだろう。なぜ選択がみな同じになるなどと、実際にやってもいないのにロールズは言えるのだろう。

### †特殊なエゴイズムとその乗り越え

原初状態で、人は熟慮(英語 deliberation)の末に判断を下すが、ここでの熟慮は一七・一八世紀に用いられた「内省的な」(人の意見を聞くのではなく、自分の頭の中であれこれ考える、という程度の意味)プロセスを指している。ホッブズもヒュームもルソーもこの用法にしたがっている。それは話し合いという意味での熟議や討議 deliberation ではない。理性的存在者である人間が、誰とも話し合わず意見交換もせず、自らが持つ普通一般の合理性だけを用いて、自分にとって最も好ましい判断を下すことに他ならない。

ここで、自分にとって最も好ましい判断が、エゴイスティックなものにならないところがポイントになっている。ロールズは、原初状態とはエゴイズムが成立不能になる地点であると力説している。無知のヴェールの制約がそれを許さないのだ。このことをさらに説明しよう。

これは、人間の利己心と一般性との関係という、社会契約論にとって中心的なテーマの一つに関わっている。人間が狭隘な利己心に閉じ込められているかぎり、社会秩序は永久に生まれない。それは、幼児の集団にトラブルが絶えないのに似ている。幼児は、自分と他者を絶対的な非対称においてしか捉えられない。「自分」という一つの窓からしか世界を見られないとはこういうことかと、幼児たちに接するとつくづく納得する。そのため大人が介入しなければ、いつまでも一種の「自然状態」がつづいてしまうのだ。

狭隘な利己心をどこかで終わらせることでしか秩序が生まれないというのは、ホッブズ、ヒューム、ルソーの共通認識になっている。ホッブズの場合、人々は相互性（お互いさま）の観念と約束の拘束力を通じて、第三者としてのリヴァイアサンを設立する。ヒュームの場合、利己心とは別種の感情である共感から道徳原理が生まれ、また、長期的利益のために目先のエゴイズムを乗り越えることで、コンヴェンションに基づく秩序が生まれる。ルソーの場合、具体的で個別の自己である特殊な人間が、一般的立場の自己、あるいは自己を含む社会共同体と約束を交わすことで、エゴイズムを乗り越える。

ロールズは、ルソーが描いた原初の契約を交わすことによる公的世界の生成を、原初状態における情報の遮断と、そこでの人間の推論のあり方へと読み替える。たしかに人は、原初状態ではエゴイズムの立場を棄てる。でもそれは、人間が突如として聖人や天使になるからではない。情報の制約によって、利己的に考えるとは、エゴイスティックに行動するとはどうすることなのかが分からなくなるからだ。

たとえば人が、自分や、自分の家族、あるいは子孫に有利になるような社会を望む、エゴイスティックな傾向を持つとする。その人が貧乏なら、金持ちをなくそうとして、土地の国有化や私有財産の禁止を支持するかもしれない。あるいは子孫のために、相続のない社会を望むかもしれない。だが原初状態では、人は自分が金持ちなのか貧乏人なのか、男なのか女なのかだけでなく、自分の年齢や、どの世代に属するかすら知らないことになっている。そのため、どのルールを選ぶことが自分に有利になるかを知るすべが一切ないのだ。

では、いったいどんな基準で何を選ぶことになるのか。ロールズの答えは明快だ。原初状態では、「人は全員のために選択せざるをえない」(『正義論』一八九頁)。これは契約論の、秀逸で、洗練された、そしてそこに含まれる公正の理念を力強く肯定する思想だ。

さてここで、原初状態でエゴイズムを独特のしかたで制限された人々が、どんな社会的ルールを選ぶのか、その中身を説明しよう。やっと「正義の二原理」が登場するわけだ。それらを概観した後で、なぜ原初状態で正義の二原理が選ばれるかについて、ここまで論じてきた「エゴイズムの制限」という観点を用いて説明していこう。

### †自由の保障――第一原理

ロールズは、世の中の多様性を、単に「この世界にはいろんな人がいる」とは捉えていない。多様性というのは、言葉の定義としては上下関係や優劣を含まず、人と人との違いを表現する方法だ。だが実際の多様性は、この世界、つまり特殊の集まりとしての人間たちが一緒に暮らす世界の中で、どのように現れるだろうか。それは、優劣や上下関係として序列化されたしかたで現れるか、どうにも調停不能な複数の究極の価値として現れるかではないだろうか。

先に後者から説明しよう。どうにも調停不能な究極の価値とは何だろう。実は何でもいいのだ。マックス・ヴェーバーという百年ぐらい前の思想家が、これを「神々の争い」などと格好つけて呼んだが、別にそんな大げさなものでなくてもいい。

『不思議惑星キン・ザ・ザ』という映画がある。たぶん知らないと思うし、知らなくて全く問題ないが、一九八六年のグルジア映画だ。低予算ナンセンスSF映画なのだが、どうも当時のソ連体制を風刺しているようでもある。二人のグルジア人が、ポンコツの宇宙船でキン・ザ・ザ星に連れて行かれる。彼らはひどく蔑まれ、へんなモモヒキを履いたキン・ザ・ザ星人に、鼻から鈴ピアス（？）をぶらさげて大道芸をさせられ、と大変な目に遭う。だがあるとき二人は、その星の人たちがマッチを異様に崇拝していることに気づく。タバコの火をつける、あのマッチだ。マッチを持っているだけで、なぜだかひれ伏すほどの卑屈な敬意を示されるのだ。

この映画を観ると、キン・ザ・ザ星の人たちの愚かさ加減にあきれてしまう。埃まみれの砂漠の星で、何の価値もないようなものを崇拝したり、人を侮辱したり、なんて無意味に生を浪費しているのかと。でも、地球に降り立った異星人が私たちを見たら、これと同じことを思うのではないだろうか。

調停不能な究極の価値には、さまざまなものがある。それが深刻な対立を生み出すのは、たとえば宗教的信条の場合だ。これはホッブズの時代から変わらない。どの神を信じるかをめぐって、どれだけの破壊と、殺人と、暴力がくり返されてきただろう。宗教的信条とキン・ザ・ザ星のマッチを並列するのは畏れ多いが、どんなものでも究極の価値になりうるという例だと思ってほしい。ロールズは、芝生をある長さに刈り込むことを人生でいちばん重視している人の例を挙げている。

私たちが人の価値の多様性、たとえば、ある神を信じ、その信仰を証すためなら命を捧げたいと思っている人と、芝生の刈り方に人生をかけている人、そしてマッチをこの上なく崇拝している人を、優劣をつけずに同等に扱おうとするなら、何が必要だろう。できるかぎりの自由と相互の不可侵ではないだろうか。ある特定の宗教の強要、あるいは特定の神を信じることの禁止は、多様性を封じていることになる。それと同じように、マッチを究極の価値とすることを禁じる理由もない。

これは、ロールズが原初状態で誰もが選択するという「正義の二原理」のうち、「第一原理」に関係している。人は、その信奉する価値の内容が何であれ、同じだけの自由、つまり平等な自由を保障される必要があるのだ。そこには優劣や、優先順位があってはならない。もちろん個人にとっては、好きなことを信奉し、思ったことをみなの前で言い、書き、表現するという場合の、好きなことや思ったことはそれぞれ異なる。そのどれもが、公正かつ平等に尊重されなければならないのだ。

ここで「正義の二原理」の第一原理を、『正義論』から引用しておこう。

各人は、平等な基本的諸自由の最も広い制度枠組みに対して、等しい権利を持つべきである。ただし、他の人々の諸自由の同様な枠組みと両立するかぎりで。（八四頁）

とても分かりにくい表現だが、他の人に迷惑をかけないかぎり、みんなの自由が最大限保障されるべきということだ。

## †機会均等原理――第二原理①

次に、多様性が優劣や上下関係として現れる場合に移ろう。ロールズが考えるその補正策はどんなものだろう。ここまで書いてきたように、多様性はできるだけそのままで尊重されるべきだ。ところが、そうはいかない場合がある。たとえば貧乏なのと金持ちなのと、人はどちらを望むだろう。

多様な世の中がよいのだから、貧乏人もいた方がいいなどと言う人がいたら、なんという傲慢と思われるはずだ。もちろん、金持ちであることに嫌気がさして全財産を棄てる人だっている（哲学者のヴィトゲンシュタインとか）。それは自由だ。では、こんな貧乏は嫌だと思っている人、収入を得るために働きたいのに仕事がない人、貧困のために家族の生活すら維持できない人は、どうだろう。望まずしてみじめな立場に陥っている人、あるいはもっと勉強したいのに家庭の事情であきらめざるをえない人、障害のために十分な収入を得られない人、こういう人を放置することが多様性の尊重からほど遠いことは、誰の目にも明らかではないか。

ロールズはこの問題に踏み込んでいく。まともな社会は、極端な貧富の差を認めないはずだ。もっと精確に言うなら、豊かな人がもっと豊かになるために、貧しい人にがまんを強いる社会ではないはずだ。ここに、前に出てきたロールズの古典的功利主義批判の論点が、再び見出される。最大多数の最大幸福を実現するために、一部の人ががまんする社会は、どこかおかしい。だから、多様性の尊重ではすまされない人々の間の優劣は、正されなければならないのだ。

L. ヴィトゲンシュタイン
（Photo © Keystone/PANA）

その方法として、彼は二つのやり方を提案する。一つは、たとえば貧困のために教育を受けられない人を、教育の無償化を通じて支援することだ。人種や性別によって就職差別をしないこと、給与や待遇差別の禁止などもここに含まれる。これは「機会均等」と呼ばれる原則だ。要するに平等なチャンスを与えることなのだが、これには難しい問題がつきまとう。

教育の機会均等一つとっても、どこまでやれば達成されたことになるのか、なかなか判断しにくい。日本では現在、義務教育は無償化されている。だがそれによって、教育の機会均等が実現していると言えるだろうか。たとえば、小学校から私立に行かせる親は特別だから除外できると言ってしまえるだろうか。また、同じ小学校、中学校でも、親の生活スタイルや教育意識によって、子どもの育ち方が全く違うことに誰もが気づいている。あるいは、「うちの子の学校は先生があまりよくなくて」というような話をするとき、どの学校に行っても同じ教育機会が得られるとは、親は考えていない。

親の年収や出身階層が子どもの学歴に反映しているという事実が、日本でも一九九〇年代以降、相次いで指摘された。「総中流」のイメージとはかけ離れた、世代間での格差の継承という実態が統計で示されて以来、「教育格差」は真剣な議論の対象となっている。ここでも、どこまでやれば、あるいはどうすることが教育の機会均等にかなうのかについて、明確な答えはなかなか見つからないままだ。

## †格差原理——第二原理②

『正義論』は社会の基本原理の正当化を目指すのだから、一つ一つの政策、たとえば教育政策の詳細に立ち入ることはない。だが、機会均等が何をもって達成されたとみなすかという点だけとっても、はっきりさせるのが難しいことは分かる。これを承けて、ロールズはもう一つ別の原理による補正を提案する。それが、おそらく『正義論』の中で最も多く言及され、議論の的となってきた「格差原理」である。

機会均等が制度として保障されたとしても、なお残る不平等や格差がある。それは一つには、たとえば家庭環境に起因する教育の差を、全面的に補正できないことから生じる。だがそれだけではない。生まれ持った才能や能力による差もある。これによって生じる不平等な結果は、誰でも自分の周囲をちょっと見渡せば明らかだ。そして、この差を考慮する必要がないと言い張ることには、多様性のために貧乏人がいた方がいいというのに似た傲慢さがある。

これに関して、ロールズは独特の、とても印象深い主張をする。彼にとって人々の境遇や才能の違いは、その人のせいではない。才能に恵まれた人は、天から与えられたという理由でそれを無条件に享受してよいわけではない。一方にいる、才能に恵まれない人もまた、天からそれを与えられているのだから。才能や能力の違いは、自然が生み出すものである。そして、自然な違いからくる不平等を自然自体が修正できない以上、それを正す責務は社会に課されるのだ。

よく言われるが、子どもは親を選ぶことができない。逆に、親だって子どもを選べない。だから家庭環境や親から受け継いだ才能や能力からくる不平等は、その人のせいではない。ではそれは、いったいどのように正されるべきなのだろう。

『正義論』では、機会均等原理と格差原理は不平等が許容される二つの条件として、両方まとめて述べられている。ここでこれを引用しておこう。

社会的・経済的な不平等は、次の二条件を充たすかぎりで認められる——（a）最も不遇な人々が期待できる便益を最大にすること、かつ（b）公正な機会均等という条件のもとで全員に開かれている職務や地位を伴うこと。（一一四頁）

このうち、前半が格差原理、後半がすぐ前に取り上げた機会均等原理にあたる。以下では、格差原理という「正義の二原理」の中で最も複雑な原理について、その内容を説明しよう。

格差原理とは、社会の中で最も恵まれない人々の境遇を改善するという条件でしか協働があってはならないというルールだ。と言っても分からないだろう。ここでロールズは、どんな社会を想定しているだろう。それは、分業による生産活動が組織的に行われている社会だ。

人々はこの社会の中で、互いに他者の働きを必要としている。これは私たちが、広い意味で他の人の労働の成果や働きなしには一瞬たりとも生活できないという、当たり前のことを言っているだけだ。私の食べ物を作ったのは遠く離れた農家の人であり、電車に乗るにも運転してくれる人が必要だ。着ているものも住んでいる家も、作ったのは私ではない。逆に私自身も、この社会にささやかながら関わりを持ち、働きかけている。

ロールズはこうした社会を前提として、そこに不平等があることを容認する。ただしそれは、一定の限度内での話だ。分業が不平等を生み出す傾向にあることは、経験上すぐに分かる。差異は格差を生みやすいのだ。だがそれを全部矯正しようとするなら、かつて共産主義国に起きたような勤労意欲の減退が起きる可能性が大きい。そこでロールズは、社会の活力を保つために一定程度の不平等は許容せざるをえないとみなす。これは彼の「インセンティヴの維持」という主張で、平等派はこの点を取り上げてロールズを批判する。

だがこれは、検討するまでもない論点のように思う。競争やイノヴェーションの社会発展に対する意義を否定することはできない。また、社会的・経済的な差異や多様性が、全くの平等と両立するとはとうてい考えられないからだ。

そこで、話を格差原理に戻そう。一定の不平等と多様性のもとにある社会で、自分の生活は少しも改善されないのに、他の人の富や幸福を増やすために働かされる人がいたら、どうだろう。ロールズはそれは不正だと考える。もちろんその人が、もともとても恵まれていたなら、それはそれでよいかもしれない。でもそういうことは想定しにくいというのがロールズの考えだ。

恵まれている人が恵まれない人のために、自分のプラスにならない協働を行うとは考えにくい。そんなふうに社会の仕組みができていること自体、想像しがたいからだ。でも逆はしばしば起こる。アメリカという市場主義が極端に浸透した国ではむしろ、それはありふれた光景のはずだ。少数の富める者が多くの貧しい者を犠牲にして、さらに豊かになっていく。こういうことが当たり前に起こっている社会を変えるために、ロールズは誰もが守ることができる最低限のルールを探す。そして、「恵まれない境遇にある人の立場を改善する生産活動や財の配分以外認めてはならない」というルールに、原初状態という契約論的装置を用いて説得力を持たせようとするのだ。

### †エゴイズムの抑制が、なぜ二原理を選択させるのか①——第一原理

ようやく「正義の二原理」が出そろったので、次になぜそれが選択されるかに移ろう。ロールズはこれら三つの原理（大きくは二つの原理）が原初状態における全員の選択とな

ることを、エゴイズムの制限という観点から解き明かしている。

第一原理については、多くの説明を要しないだろう。原初状態の人々は、無知のヴェールの制約のために、自分がどの価値を重視するかを知らない。ここからごく普通に推論するなら、たとえば、特定の宗教だけを優遇するような原理を選ぶことはないはずだ。そんなことをすれば、自分が信仰する宗教が禁止されることになるかもしれないからだ。

まして、芝生を特定の長さぴったりに刈り込める人や、マッチを崇拝する人だけを尊重する社会を作ろうなどと考える人がいるはずはない。実際に特殊の立場に戻った自分がどの価値を信奉するか分からないので、人はどんな場合でも自分が理不尽に貶められることを避けようとする。そのため、多様な自由を分け隔てなく尊重するという、最も無難な原理を選択することになる。

ここで、原初状態に置かれた人の推論のあり方に注目しよう。この人は特殊な自分から隔てられている。かといって、自分のことを度外視して、社会のため、あるいは他の人のために正義を追求しているわけではない。ここでは誰もが、自分の立場を考えることがそのまま全員の立場を考えることになり、どの立場になったとしても誰も不利にはならないという、「公平な」選択をしてしまうのだ。

だから、エゴイズムは特殊の意味では遮断されているが、「もし自分がこうであったら」

というしかたでものを考える、人間の特性そのものは失われていない（ただしここで人は、ヒュームの共感におけるように特定の誰かの立場に入りこむのではない。あくまで一般的な視点に身を置くのだ）。それによって、快を合算してその和を最大にする社会（古典的功利主義）でもなく、また特定の他者に資することを強いられる社会（これは一種の自己犠牲だが、原初状態では特定の他者に肩入れして自分を犠牲にする根拠がない）でもなく、そこに生きる一人一人を、互いに邪魔し合わない範囲で尊重するような社会を、不可避に選ぶことになるのだ。

つまり、原初状態の人は、特殊なエゴイズムから解放されている。だが、「もし自分がこの立場だったら」という可能性をあらゆるケースについて考えてみるという意味では、なんと言うか、「一般的エゴイズム」とでも呼びたくなる特性を捨て去ることはない。

ただしこのタイプの「エゴイズム」は、人間が相互に尊重し合うこと、自分も他者と同じように尊重されたいと願うことと結びついている。これについてさらに追求すると話が哲学的になりすぎてしまいそうだ。そこで、ロールズはルソーをどう読むかを述べる際に、この論点に改めて立ち戻ることにして、今は第二原理が選択されるプロセスに話を進めよう。

## †エゴイズムの抑制が、なぜ二原理を選択させるのか②――第二原理

第二原理のうち機会均等原理については、次のような推論がなされる。原初状態の人には、社会の中で自分が有利な位置にあるのか、不利な位置にあるのか、何の情報もない。この場合、自分が不利な立場にあるときに機会均等が保障されなければ、境遇を変えるチャンスを得られず、そのダメージは大きい。これに対して、機会均等でない社会がもともと有利な立場の人に与えるメリットは、逆の場合のデメリットと比較すると選択候補にならない。

自分の立場の有利不利をめぐるこの比較に納得できるかどうかは、格差原理が選択される理由を見たあとで検討する。というのは、ロールズは正義の二原理のどの場合にも、原初状態でそれを支持する理由として、最悪の事態を避けるという基準を第一に挙げるからだ。

格差原理、つまり、最も恵まれない境遇にある人たちの状況を改善するものでないかぎり、不平等なままの協働はなされるべきではないという原理が選択される理由を、ロールズは次のように説明する。

無知のヴェールがかかった状態にある人は、自分が実際には最も恵まれない立場にある

のか、それともすごい金持ちなのかを知らない。その場合に金持ちだけに有利な選択をするのは不合理だとロールズは考える。そこには「賭け」の要素があるからだ。

原初状態の下では、人は自分が金持ちだと予想する根拠を持たない。だから貧乏である可能性を十分に考慮せざるをえなくなる。さらに、恵まれない人に資する協働といっても、金持ちから財産をふんだくるようなものではない。たしかに取り分は制限されるが、金持ちに不利益をもたらす場合には協働が成立しないことは分かっている。そのため、最悪の場合を想定した選択を行う動機は強まる。

ここで、正義の二原理を選択する際、人がつねに最も有利な立場よりも、最も不利な立場を考慮し、最悪の事態を気にかけていることに注意を向けよう。ここで人は、「もし自分が最悪の事態に陥ったら」と考えている。これはある種のエゴイズムなのだろうか。

ここに、エゴイズムとは何かという問題が再来する。原初状態の人間は、特殊な人間としてのエゴイズム、社会の中で実際に置かれている立場をもとに、自分を有利にするようなエゴイズムに立つことができない。だが、別の種類のエゴイズム、つまり一般性のレベルで自分を有利にするという思考を棄てないことは、さきほど述べた。ただ、原初状態では自分が特定の誰であるかが分からないので、自分を有利にする選択が誰も不利にならない選択と同義になる。この点は二原理のすべての場合で同じである。

この、誰も不利にならない選択というのは、はたしてエゴイズムなのだろうか。最悪の事態を想定して、そこで自分が悲惨な境遇に甘んじる可能性を排除しようとすることは、一見するとエゴイズムのようだ。ところが、自分が誰であるか、どんな地位や境遇にあるかが分からない状態では、自分にとっての最悪を忌避する選択は、そのまま社会的公正を擁護する選択にもなる。言い換えると、原初状態で公正な社会的ルールが選択されるなら、その選択が自分のためであったとしても、それはそのまま他の全員のためでもある。一般的な次元での自分は、他のすべての人と同義なのだ。ここでは、自分を利する選択と社会的公正に配慮する選択との間の区別がない。これが原初状態という設定の最大の強みなのだ。

人は、自分のために公正なルールを望むのか、それとも公正な社会に住むことを、自分の利害とは切り離して「よい」と考えるのか。原初状態の情報の制約は、両者を同じものにする。自分の望むことと社会的に望まれることとを、区別できないのだ。なぜそうなるかというと、自分に不利にならないことは誰もが不利にならないことであり、誰もが不利にならない社会は、公正な社会と呼ぶべきだからだ。

以上で、原初状態、無知のヴェール、そこでのエゴイズムの働き、正義の二原理の内容、原初状態で正義の二原理が選択される推論のプロセス、そして個人の自分目線での選択が社会的公正にそのままつながる仕組みを説明してきた。

ここまでくると、なぜ原初状態ではみなが同じ選択をするのか、一人の選択を見れば他の人がそれに合意すると分かるのかが、明らかになったはずだ。情報の制約によって、人々は最悪の事態を避ける選択を志向する。それは自分のためであると同時に社会の全メンバーのためでもある。ロールズはこれ以上言わないが、人々はそのことに気づいているはずだ。つまり、公正な社会の方が、自分にとっても、自分がそのうちの誰かでありうるすべての人にとっても、不公正な社会より望ましいのだ。

こうして人は、情報の制約下で多様な立場を想像することを強いられる。そのプロセスを通じて、意図せずして社会的観点、社会的公正を考慮する視点に立つようになる。自己滅却や自己犠牲ではなく、自分が誰かわからない、あるいは誰でもありうるという状況下での「一般的エゴイズム」に基づく思考プロセスが、社会的公正を選ばせるのだ。

この説明は本当によくできている。ここでロールズをほめ倒して終わりにしたいくらいだ。だがこれだけでは、「ロールズを契約論の伝統の中に位置づけなおす」という目標には、まだ十分に届いてはいない。そこで、もう本当に鼻血も出ないくらい疲れたが、最後に、こうした原初状態の想定とそこでの推論のあり方が、ルソーの一般意志の優れた解釈であり適用にもなっていることを示したい。そもそもロールズは自分を、ルソーからカントへとつづく契約論の最も正統な系列の掉尾《ちょうび》に位置づけているのだ。

## 3 ルソーとロールズにおける一般性の次元

### †『政治哲学史講義』における各思想家の評価

ロールズは、一九六〇年代半ばから一九九五年まで、ハーヴァード大学で近代政治哲学を講じた。それをまとめたのが、『政治哲学史講義』である(彼は哲学・倫理学史と政治哲学史をだいたい隔年で講義した)。この講義で取り上げられる思想家は年によって違ったが、ホッブズ、ロック、ルソーは必ず含まれていたようだ。

ロールズが『正義論』で、正義の二原理を仮想的な状態(原初状態)において選択するという仕掛けを使うことは、私もよく知っていた。そしてそれが、ホッブズの自然状態のアイデアを改変したものだということも。だから『政治哲学史講義』がホッブズからはじまり、その叙述にとても力がこもっているのも、ごく自然に受け止められた。

だが、つづきを読んだときの印象は違う。ロールズはロックを、名誉革命がもたらした混合政体を擁護するという明確な政治的目標を設定した思想家として評価している。これはもちろん、ロックの限界として語られているわけではない。それでも読後の印象は、ロックとロールズの間に、時代や目的の点で隔たりを感じさせるものだ。

これに対してルソー論では、なんと形容すればよいのか、ロールズの体温はとても高い。ロールズはルソーの一般意志論を、原初状態に近づけて解釈しているだけではない。ルソーの「利己心 amour-propre」の中に、原初状態の人間がそれに従って判断する、相互性の要求と「自尊」の基盤を見出すのだ。また、『人間不平等起源論』における文明化の批判を、よき社会を構想するための出発点として、つまり社会契約が結ばれる「はじまりの場所」として理解している。

つまりロールズは、少なくとも『政治哲学史講義』では、ロックよりルソーの方が自分に近いと解釈している。ホッブズについては、ロールズはその斬新な思考実験装置を借用する。けれどもホッブズ理論の中にある、どんな政府でもないよりまし、殺されるくらいならたいていのことはがまんする、という究極の選択を、ロールズはどうしても受け入れることができない。また、ヒュームがロールズと相容れないことはすでに見たとおりだ。

これとは対照的に、ルソーはカントに引き寄せて解釈される。というよりカントがルソー思想の発展として理解されている。それによってロールズは、自分の意志を一般意志と重ね合わせる人々の決定を、カントにおける熟慮や実践理性に基づく決定と結びつけていく。こうして、ルソー、カントの系譜上に、自らの正義論を位置づけるのだ。

### †利己心と相互の尊重——ロールズはルソーをどう読むか①

ロールズのルソー解釈の中で最初に注目したいのは、「利己心 amour-propre」についてだ。従来のルソー解釈では、この概念はしばしば「自己愛 amour de soi」と対比されてきた。その場合、自己愛が自然状態において人が自分を大切にする素朴な愛であるのに対し、利己心は文明によって生じる虚栄や邪悪さなど、よくない種類のエゴイズムだとされる。

ところがロールズは、利己心にはこれと異なる側面があると強調するのだ。ルソーの利己心には、人間の本性から来る自然なものが含まれていると。それはたしかに、社会に生きる人間だけに関わるという意味で、自然状態（孤立状態）での自己への愛ではない。だが利己心には、人の不幸を喜んだり、他者の意に反して自我を押し通さなければ気が済まなかったりといった、ゆがんだ欲求とは異なった面があるのだ。

それは、他者と対等な立場を確保したいという欲求、あるいは、自分の目的が他者の目的同様に尊重されてほしいという欲求だ。ロールズはこれがルソーの利己心の中に含まれるという。こうした意味での利己心は、自分が他者と対等だと認められる条件で、他者もまた自分と対等であると認めることにつながる。つまり、人はこの意味での利己心を通じてはじめて、「相互性」の原理を受け入れることができる。お互いさまを認めるには、まずは自分が他者と等しく尊重されたいという利己心が満足させられる必要があるのだ。(10)

相互尊重というこの契機は、ルソーにおける一般意志の生成の局面で働くだけでなく、ホッブズにおいて社会契約が結ばれる際、契約当事者が受け入れる相互性（お前が武装放棄するならオレもそうする）そのものでもある。ロールズはその契機を、これまで「文明社会の悪しきエゴイズム」として捉えられてきた利己心の再解釈を通じて、ルソーの人間像の中に見出すのだ。

さらに、ロールズが、ルソーの利己心の一側面（いわば「よき利己心」）としているものは、原初状態における選択の際に働く、先ほど私が「一般的エゴイズム」と呼んだものにつながっている。人は誰でも、他の人と同じように尊重されたいと願う。そしてそれが受け入れられるかぎりで、他者を自分と等しい条件で尊重するために、自分の度を超した欲求を制限することを受け入れる。ここで同等性が確保される際、自分の欲求を他者の欲求と同じく、一般性の視点から眺めていると言ってよい。

この一種のエゴイズム、あるいはエゴイズムならざるエゴイズムは、他者と自分を等しく尊重し、自分のために考えることが全員のために考えることと同義になるという、原初状態での推論において作用している。つまり、人と同じように尊重されたいという欲求は、他者と自分を同等の立場とみなすきっかけとなり、社会的公正を充たす一般的ルールを発見するための第一歩となっているのだ。

## †文明化と社会契約——ロールズはルソーをどう読むか②

次に、同じく社会性に関わる問題として、ルソーにおける文明史と契約論の関係を、ロールズがどのように読み解いているかを見ていこう。『学問芸術論』『不平等起源論』の二著に少しでも接すると、そこにルソーの激烈な文明批判を読みとらずにはいられない。ルソーは『学問芸術論』では、学問と技芸の発展は人の幸福に寄与するどころか、人間を堕落、腐敗させてきたという。『不平等起源論』になると、ルソーの懐疑は文明化全般に及び、本来の自然においては無垢な人間を、文明の進歩、とくに私有財産と富の蓄積と奢侈の発展が、悪に引きずり込むに至る歴史が壮大なスケールで描かれる。

ここでルソーは、人間が本性としてもともと悪いのではなく、社会が人間を悪くするというテーゼを強力に押し出す。文明化が進み、貧富の差が固定化し、奢侈が浸透し、複雑に差異化された趣味嗜好が広がれば広がるほど、世の中はどうしようもなくなるのだ。

たしかにルソーの言うことはよく分かる。私はこの数週間原稿ばかり書いていて、春なのに楽しいこともとくにない。もっと率直に言うと、脳は酸欠、心は欲求不満の、むしろどうしようもない状態だ。そういうとき、やたら買い物がしたくなる。そして、通販サイトで要りもしない服やら靴やらを買いまくってしまう。都心の服飾雑貨ビル（主にルミネ）やデパートと通販サイトを往復し、欲望が欲望を呼んで購入ボタンをクリック、という事態に陥っている。ときどきふと、「文明化と奢侈」という言葉が浮かんで暗い気持ちになるが、他にどうにも心の隙間を埋めるものが見つからない。

だがそうなると、社会契約はどうなってしまうんだろう。社会が人間を堕落させるから、私のような愚か者が毎晩のように通販の購入ボタンを押してしまうなら、『社会契約論』でルソーが描いた理想の政治共同体は、いったいどこにある何なのだろう。くだらない具体例を出さずとも、多くの読者は気づいているはずだ。これはルソーの章で指摘した、『不平等起源論』と『社会契約論』との関係如何、という問題である。長い間ルソーを読む者を悩ませてきたこの問題に、ロールズはどのような答えを与えているのだろうか。

『不平等起源論』における社会は、文明の最終段階（第四段階とされる、冶金と農業によって物質的豊かさが増大し、分業と集住が進んだ段階）に至って、きわめて不平等な状態に陥る。ちょっと驚くのだが、ルソーは、そこでの社会が最初は契約によって作られたと言う。

それはいったいどんな契約なのだろう。

そこでの契約は、不平等を固定するために富者が考えだしたものだ。有り体に言って、富者が貧者を騙す一種の詐欺である。つまり、社会契約は詐欺でもありうるのだ。こんなことまで言ってしまっては、社会契約によって生まれる政治社会に自由と平等の理想を託すという試みを、のちにルソーが平然とはじめられたことが不思議になってくる。

こうして、社会は虚偽と嘘と策略に満ちた救いようのないものに見えてくる。ところがルソーはここで、平和と繁栄を通り越して堕落と破滅に向かう単線的文明史とは別種の、破滅からの再出発をもたらす循環史観を持ち出してくる。これはルソーの章で説明したとおりだ。

詐欺と虚偽に満ちた社会で不平等が極まると、やがて誰ひとりその不都合を回避できなくなり、社会は破滅する。そしてそこには再び平等が現れる。この平等がどんなもので、ルソーの史観のどこに位置するかの詳細をロールズは述べていない。

ロールズは、ルソーにおいては、再び訪れた平等から人々が新しく社会をはじめることができるという。その出発点こそ、社会契約が結ばれる「はじまりの場所」なのだ。そして、ルソーの平等の地点が歴史のどこに位置するかをロールズが示さない理由は、このことと関係している。

ロールズは、ルソーが社会契約を、実際にあった、過去のある時点で本当に結ばれた約束とは、おそらく思っていないと言う。少なくともルソーを解釈する際、そんなふうに考える必要はない。むしろ「現在もずっと続いているもの」(『政治哲学史講義I』四二一頁)として、ルソーの社会契約を理解すべきなのだ。本当のところルソーがどう考えていたかはもちろん私にも分からない。だがロールズにとっては、ルソーの社会契約を史実としてではなく、いつでも何度でも再来し、今の社会秩序のあり方をそれを基準に測るための尺度あるいは基準とみなすことは、とても重要だった。

たしかに人は社会によって悪徳に染められ、堕落するかもしれない。だがよき生や幸福な生を過ごし、あるいは有徳な一生を送ることもまた、社会のなせる業なのだ。人は社会に生まれ、社会が人をよくも悪くも作り上げる。だからこそ、ある社会が多様な人々をともに生かすために必要な公正さを備えているかどうかの判断基準が必要になる。

それはまさに、ロールズが自らの正義の二原理に与えた役割だ。ロールズはルソーの社会契約もまた、それに類する役割を担っていると考える。そこで彼は、ルソーの社会契約論、なかでも一般意志の生成プロセスを、正義の二原理が選択される際の推論と重ね合わせる。ここでロールズが、どのように一般意志と原初状態とを重ねているかを見ると、ロールズの原初状態論の中に、不可解きわまりない一般意志というアイデアの、明快かつ現代的な解釈が含まれることが見えてくるのだ。

## †一般意志はなぜ過たないか――ロールズはルソーをどう読むか③

ロールズは、ルソーの一般意志を解釈する際、それが社会メンバーの共通利益だけを考慮する点に注目する。これは『社会契約論』で強調される、一般意志と全体意志の区別に関わる。両者の区別への言及はルソーの解説書に広く見られるが、分かったような分からないような説明が多い。原因は、一般を全体と区別するために必要な、特殊と一般との区別がなされていないことにあるように思う。すでに論じてきたとおり、ロールズの『正義論』は、特殊と一般の区別を理解するための最良の教科書だ。

ロールズは、ルソーの一般意志と全体意志との違いを、「一般意志は個人としての市民を超越する全体の意志ではない」（『政治哲学史講義I』四〇二頁）という表現で簡潔に示している。ここで全体の意志として想定されているのは、一部の個人の利益に反するようなもの、たとえば最大多数の最大幸福という社会全体の幸福の総和を、特定の個人の幸福を犠牲にしてでも追求するような意志のことだろう。これが、全体意志は特殊な意志の総和にすぎないというルソーの言明の、ロールズによる解釈になっている。

これに対して、特殊な意志から過不足分を相殺したのが一般意志であるというルソーの表現について、ロールズは次のような理解を示す。一般意志とは、私的利益の中から違いを取り去ったところにはじめて現れる、共通の利益の表明にほかならないと。

これは、原初状態のところで述べた、自分がどこの誰であるかの情報を遮断された人が、その社会の誰でもありうるとしたらどんな社会を望むかという、無知のヴェールの下での推論に、直接つながるものだ。

ルソーについての章で指摘したとおり、彼の社会契約には個と全体との約束しかない。これを、特殊としての自己と一般としての自己との約束と言い換えてみよう。ここで一般としての自己が意志するものこそ一般意志である。なぜ個と全体を特殊と一般に置き換えられるかというと、一般性の視点に立った自己においては、自分のために意志することがそのまま他の全員のために意志することになるからだ。したがって、自分が自分と契約することと、自分が全体と契約することとが同義になる。

この約束の本性と、それによって生まれた一般意志が何を欲するかについて考えるため、ロールズは『社会契約論』第二篇第四章の一節を引く。そしてこれを「驚くべき段落」で、「ぜひとも注意深く読んで」ほしい（『政治哲学史講義Ⅰ』四一四頁）と注意を促している。

私はルソーのこの段落を要約する力量を持たない。だからここにロールズが引いた全体を再度引用する。

私たちを社会体に結びつけている約束が拘束力を持つのは、その約束が相互的であるからにほかならない。この約束は、人がそれをはたそうとして他人のために働けば、それが同時に自分のために働くことにもなる、といった性質のものである。なぜ一般意志はつねに正しく、しかもなぜ、すべての人は各人の幸福を願うのであろうか。それは、「各人」という語を自分のことと考えない者はなく、またすべての人のために投票するにあたって、自分自身のことを考慮しない者はいないからではないか。このことから、次の点が明らかになる。すなわち、権利の平等およびそこから生じる正義の観念は、各人がまず自分自身を優先させるということから、したがって人間本性から出てくるということ。一般意志は、それが本当に一般意志であるためには、その本質においてと同様、その対象においても一般的でなければならないこと。一般意志はすべての人から発し、すべての人に適用されなければならないこと。一般意志が、何らかの個別で限定された対象に向かうときは、私たちに無縁のものについて判断しており、私たちを導く真の公平の原理を持っていないわけだから、その場合には一般意志は本来の公平さを失うこと。以上である。

この引用について言うべきことを言えれば、ロールズとルソーについて、あるいはルソーからロールズへと連なる契約論的思考について、それ以上何も語る必要はない。最初の部分に書かれているのは、約束の相互性についてだ。これはひとつには、ホッブズの章で指摘した、信約が相互に人々を拘束する、そのかぎりで社会の凝集力として作用することの言い換えになっている。そしてまた、相互性の要求は、利己心の一側面としての「自己を尊重されたい」という欲求の表現であり、そこからひるがえって、他者を尊重するために自己を制限する意志が生じるということでもある。

さらにルソーにおいては、相互的な義務である約束を履行しようとする場合に、次のことが起こる。ルソーの約束は自分と全体との約束であると同時に、自分と自分との約束でもある。そのため、人が約束をはたそうとして他者のために働けば、それが同時に自分のために働くことにもなるのだ。

次に、人間が自分を優先するという本性が権利の平等と正義の観念を生むという点は、ロールズの原初状態における人々の推論のあり方と対応している。一般的な視点に立つ場合も、特殊にとどまる場合と同様、人は自分を優先するという本性そのものは失わない。だが、情報の制約によって、自分を優先しようとすることと社会的公正の立場に立つことが、区別できなくなるのだ。

そして、一般意志が特殊なものに向かうとき、それが公平さを失うというのは、特殊について判断すること自体、無知のヴェールによる制限を逸脱するという意味だ。一般意志は特殊なものから、その特殊性、すなわち個々人の間にある差異を相殺することで、はじめて現れる。だからそれは、自分のための判断が他の全員のための判断と同義になるような、そうした特別な場面での人間の推論だけに関わるのだ。

ロールズはこうして、ルソーの一般意志論のうちに正義の二原理が支持されるプロセスと等しいものを見出す。そして、一般意志の生成過程で人々が思考する際に働いているのは、熟慮に基づく理性、あるいは公共的理性、カントの言葉でなら実践理性であると述べる。原初状態において、一人の人間の選択を見れば全員がどう選択するか分かることはすでに述べた。このとき社会的公正にかなうルールが選択される思考プロセスにおいて、その人が働かせているのが熟慮に基づく理性なのだ。

## †一般性の次元

一般意志と自分の意志が異なるなら、自分の方が間違っているとルソーは言う。正義の二原理を選択するプロセスは、一人について見れば十分であるとロールズは言う。これはどちらも、人が一般性という立場に立つなら、社会の基本ルールに関して、だれもが同じ推論プロセスをたどって同じ結論に至るはずだという彼らの考えを示している。

注意すべきは、ここでルソーもロールズも、全体の意志を一つに集約することを目的としていないことだ。彼らは、人々が私的な利害、特殊な観点、あるいは多様性をもって生きることを全面的に認めている。だからこそ、それらを調停する何らかの別の視点、あるいは基準が必要なのだ。そしてその基準は、日常的な特殊の延長上には与えることができない種類のものである。

人は、自分のためと相手のため、あるいは自分のためと誰かのためとを区別できない視点を与えられることで、理性の働きによる推論を通じて、社会的公正にかなうルールを発見できる。その発見のプロセスこそ、ホッブズがそれまでの伝統を断ち切って運動論的世界から出発することで開始した、社会契約論的思考なのである。

ルソーはそれを、特殊と一般の約束として定式化しなおすことで、誰が主権者なのか、誰が政治の担い手なのかを明確にした。特殊と一般の約束とは、ただの人である特殊な自分が、全体の一部としての一般的な自分と約束を交わすということだ。それによって、個人はただの人であると同時に、社会一般ともなる。主権者として、市民としての個人は、一般的な視点に立った意志を持つ。これが一般意志で、その意志が行使されたものが法である。特殊と一般とのこの関係は、契約に参加する全メンバーに等しくあてはまる。社会契約をこのように構成することで、ルソーはすべてのメンバーが自己の内部に社会秩序の根拠と正統性を担うという、「人民主権論」と「民主的国家の理論」を生み出した。

ロールズはそこに、今ある社会について、いつでも何度でも、それが正義にかなうかどうかを判定できるという、思考実験的な要素を付加した。それによって彼は、社会契約論という忘れられた思想を再解釈し、現代によみがえらせただけではない。私たちはなぜ、どんな条件でなら、社会的公正についてふさわしい観点から考えることができるのか。また、どのような条項であれば、社会の基本ルールに関する人々の約束を公正である、すなわち正義にかなうものとして受け入れられるのか。ロールズはこうした事柄を、改めて根源的な（原初のあるいはoriginalな）視点に立って考えようとしたのだ。

ロールズは、「約束」という言葉をあまり使わない。だが、『正義論』で彼が示したのは、私たちが、いつでも、何度でも、約束の条項をふり返り見直すことができるということだ。そして、合意が生まれる適切な状況はどのようなもので、正しい約束とはどんな約束なのかを、一般的な視点に立つことでつねに考えなおせるということだ。

## おわりに　社会契約論のアクチュアリティ

小栗康平という映画監督がいる。『泥の河』という映画で有名だ。この人が、自分を育ててくれた浦山桐郎監督の死去に際して書いた文章の中に、次の一節がある。

　哀切であることは誰でも撮れる、それが痛切であるかどうかだよ、オグリ。それだけを憶えておけ、あとはうんうん唸っていればなんとかなる。もの哀しいことと、身を切られるように痛いこと、私は肝に銘じた。（『哀切と痛切』平凡社ライブラリー、一五五頁）

これは小栗監督が第一作『泥の河』を監督したいと思い、相談に行ったときに浦山監督から言われた言葉だそうだ。映画はしばしば人の哀しみを描く。では、その哀しみが観る者に迫るのはどういうときだろう。映画が、スクリーンの中のかわいそうな話を越えて、自分の中に入ってくるときではないか。あるいは、自分がスクリーンの中で、どうにもやり場のない哀しみに打ちひしがれる人に思わず入り込んでしまうときではないか。そのとき、もの哀しい物語が紡ぐ「哀切」は、観る者を巻き込む「痛切」にかわる。

私はここに、映画がただの物語を超えて観る側ととり結ぶ関係が、はじめて成立すると思う。哀切が痛切にまで届くことで、かわいそうな話も滑稽な話も、ただ消費されるだけの他人事ではなくなる。そこでは、作る側、演じる側、そして映画自体が投げかけるものが、観る者に何らかの変化を引き起こす。妙な連想だが、ホッブズの運動論的世界における関係の一つとして、身を切るような思いを生み出す関係が成立するということだ。

映画や、詩、物語、そして絵画や音楽、おしなべて「芸術」と呼ばれる創作活動は、こういうやり方で人と人とをつなぐものだ。それは社会や時代を切り取り鑑賞者に示すとともに、全く架空の物語であっても、ほかでもない個別具体のリアリティを通じて、人の心に届くことができる。

ところが日々の生活のなかでは、そういうやり方で他者に届き、他者を「痛切」に感じることはなかなかできない。少なくとも私は、見ず知らずの人に起こる不幸を、自分のことのように身を切られる思いで感じることはできない。あるいはまた、ヒュームが言うように、その人のすぐそばにいる人になり代わって気持ちを体感し、それに基づいて人を評価することもできない。

優れた才能が、ある集中において紡ぎ出す芸術作品には、たしかに「痛切」な感情を引き起こす瞬間がある。だが作品の力を借りて、フィクションを通じてリアルへと迫れる場合を除いて、人は他者の境遇に身を切られるような思いを抱くことはなかなかできない。たとえ目の前に不幸な人がいて、すぐにもなんとかしてあげたいと思ったとしても、その人の境遇を自分と同一視することはない。むしろ、相手との越えがたい違い、自分との距離をふだんより強く感じ、やりきれない感情を抱かされる。

他者は自分とは違う。なり代わることもできなければ、代わりに苦労してあげることもできない。逆もまたしかりで、誰も私の代わりに座礁した本の原稿を書くことはできない。私が書けなければ、いつまでたっても本は完成しない。では、直接にはなり代わることができない他者のために何かしたいと心から願うとき、人はどうするのだろうか。

たとえば、心の調子が悪そうだったら無理しないように言う。疲れているなら休んでもらう。泣いているなら慰める。自分の足で立てなくなっているなら、思い切って突き放す。うっぷんが溜まっているなら一緒に酔っぱらって騒ぐ。いろんな寄り添い方があるだろう。でもそれができるのは、ごく一部の、ヒュームに倣うなら友愛や情愛の関係、ある程度の決まった関係の中にいる相手だけだ。

ではそういう関係にはない人、日常的な関わりの外にいる人に、何かをしたいと思ったときはどうだろう。

私が学生だったころ、バブル期の日本に外国人労働者が入ってくることの是非が議論されていた。そのとき私は、日本に来て風俗の仕事をしている東南アジアの女性たちのことが知りたくて、マニラに行った。そして当時マニラにあった、「スモーキー・マウンテン」と呼ばれる、都市から出るゴミを長期間廃棄しつづけたとんでもない場所を見にいった。長年積み上げられたゴミが発酵して自然発火し、そこらじゅうから煙が上がっているため、「スモーキー・マウンテン」という名前がついていた。写真を見たことがある人もいるだろう。だが、ここのすごさは写真では分からない。一つはものすごい悪臭だ。後にも先にも嗅いだことのない形容しがたい臭いで、鼻で息をするのが不可能なのだ。かといって口で息をするのもはばかられるほどの、有害物質の塊の臭いがする。もう一つはウジ虫だ。マニラは蒸し暑いので私は裸足にビーサンだったのだが、歩いていると道に小さな白いものがびっしり蠢いていて、どうやらそれを踏みつけているらしかった。よく見ると全部ウジ虫で、道が白っぽく見えたのはそのせいだった。ビーサンのへりから足に登ってきているのもいる。そこは、絶対によけられないウジ虫の大群が這う、はんぱない悪臭の山だ。

帰りたいとか逃げ出したいとかいう気力もくじかれた状態になっているとき、そばの山の上から声がした。ふり返ると、あちこちに煙が上がるゴミの山のてっぺんに、掘っ立て小屋のようなものが建っていて、人が住んでいるらしい。そこの住人らしき女の人が、片手に赤ちゃんを抱いて笑いながらこっちに手を振っていたのだ。

私はそのとき、この人や赤ん坊に、何をどう思えばいいのか分からなかった。顔をタオルで覆うこともなくそこの空気を吸い、ゴミの山からボロボロのビニール袋を選り分けて背中のかごに入れている、小学生くらいの子どもたちに対しても。彼らと自分との違い、生まれた場所や生きる境遇の違いをどう受け止めればいいのか。自分はいったい何をすればいいのか。当時二〇歳だった私はただ呆然とするだけだった。

どうしようもない隔たりの中で、人はいろんなことを考える。そのうちの一つに、「なんかこの世の中間違ってないか？」というのがある。

**スモーキー・マウンテン**（Photo © PANA）

あそこにいる人たちがあんな生活をしているのはおかしい。何かが間違っている。数年後にその場所は閉鎖され、住人たちは追い出された。だが、かつて漁場だった場所は汚染され尽くして何の復元策もとられず、別の場所に似たようなゴミ捨て場ができた。

これは明らかに「正しい」措置ではなかった。そんなものができたことも、そしてそこでゴミを漁ったり掘っ立て小屋に住んだりしなければ生きていけない人たちが大勢いたことも。スモーキー・マウンテンはフィリピンの貧困の象徴だと世界中から非難されたからと、政府がただ安易に閉鎖したことも。

あのとき赤ちゃんを抱いて手を振っていた人が長生きしたとはとうてい思えない。ダイオキシン濃度などという言葉は当時知られていなかったが、あの赤ちゃんもちゃんと育ったはずがないと思う。でも私はそのとき、彼女たちにできることが何一つなかった。こういうのを無力感というんだろう。

人が他者との間にどうしようもない違いと隔たりを感じ、同情や共感そのものが吹っ飛ぶような、なんというか強烈な場面に遭遇したとき、その場に立ち尽くすしかなくなる。でも、そのあとはどうなるのか。どうすればいいんだろう。私はいまだにその光景をときどき思い出し、なんともいえない陰惨な気分になる。

いまになって思うのは、そういう経験が、「この社会は間違ってるんじゃないか」あるいはもっとストレートに「社会を変えたい」という思いの原動力になることだ。具体的な他者との埋めることのできない隔たりに遭遇したあとで、それでもその人、その境遇に関わりたい、関わらなければと思ったときに人が考えるのは、そういうことではないかと思う。

たしかに人は、自分が他者と同じように尊重されたいと願うものなのだろう。だが逆に、他者もまた自分と同じように、あるいはある他者が別の他者と同じように尊重されていてほしいとも、強く願っているのではないか。人は自分のためだけではなく、他者のためにもある種の平等を欲するのだ。誰かがあまりにひどい境遇に置かれていることを、人はそのまま受け容れることができない。それなのに一方で、その誰かに直接関われない自分を見出すとき、思考に一種のジャンプが生じる。この社会を、この人をこんな境遇に置きつづける社会を、変えなければと。

このジャンプ、具体的な他者に手を差し出したいけれど何もできないという無力感が、「社会」や「世の中」の仕組みを変えたいという思いにつながることは、ごく自然だ。そして、こうした「具体」からのジャンプが、人を一般性の視点に立たせるのだと思う。

私は大学の教員で、正規雇用者だ。その点ではこのご時世に身分を保障され、恵まれた生活を送っている。一人であれこれ考え妄想するのが好きなので、たとえばこんなことを想像する。「実現できるかどうかを別にして、今いちばんなりたいもの、欲しいものってなんだろう」。改めて考えると、自分以外の何かにとりたててなりたいと思わないことに気づく。もちろんいろいろと希望はあるが、それはいまの自分のままで、何かに届きたいというだけだ。持っていないもの、持てるはずのないものを手に入れたいだとか、いまの境遇にはもう堪えられないから逃げ出したいだとか、その種の願望ではない。

かといって、私は世の中すべてに満足しているわけではない。むしろそれとはほど遠い。自分の生と日常に関して人を羨むことはないが、それとは別次元で、この社会はおかしいと思っている。もっと別の価値観が受け容れられる、別の社会に変えたいと、ときにとても強く思う。

そのとき私は、特殊としての自分、この世界の具体的な場所に、さまざまな属性をもって生きる一人の人間としての自分とは別の視点から、社会を眺めている。そしてその視点に立って自分が考えたことを、他の人に伝えたいと思っている。社会を変えることに、ほんのわずかでも関わりたいと願うからだ。そうでなければ、給料をもらって生活できる人間が、身体も脳もどうかなるほど苦しみかつ熱中してこんな難しい本を書くなんて、あまりにもばかげている。

相変わらず私は、スモーキー・マウンテンで出会った親子に届くことはできない。彼女たちに対して無力なまま、遠く隔たったままだ。もちろん外国まで行かなくても、届きたくても届かない人たちはどこにでもいる。信じられないような「値段」で風俗産業に携わる女性たち。麻薬中毒のせいで子どもに会えない母親。親に虐待されて逃げる場所のない子どもたち。路上にしか寝るところのない人たち。私には彼らのことが分からないし、寄り添うこともできない。でも世の中には、こうした、狭く冷たい井戸の底からときどき空を見上げるような生活をしている人たちがたくさんいる。この人たちと直接関わることの不可能に直面するとき、その距離によって私の側に生じる痛みが、一般性の視点をとらせるのだと思う。

そのとき私は、まるで自分のことのように他者の苦しみを感じるのではない。シンパシーは同一化ではなく、違いと距離の中で起こるのだ。そしてその距離をそのままでは縮められないと知るとき、「この社会はどこか間違っている」という思いが強まる。

では、社会を変えるにはどうすればいいのか。この問い自体、一般性の次元をつねに含んでいる。それは、自分のことと他人のこととを区別できない次元、エゴイズムが失われるわけではないが、特殊の意味でのエゴイズムにとどまることができない次元だ。

社会契約論は、一般性の次元、あるいはこの意味で社会的な視点が、どのように生まれ、なぜそれが秩序と社会的ルールの正しさについて考える場合に役立つかを示している。私はこの本を書くために、社会契約論について考えはじめたとき、なんて現実味のない、前時代の遺物だろうと思った。革命も新体制も焼け跡も、全くリアリティのない今の日本で、社会契約論なんて誰も興味を持たなくて当然だと。

書き終えたいま、全くそう思わなくなっている。そしてその自分に驚いている。社会契約論が拓き、そこにそれがあることをはじめて名指した一般性の次元は、人が他者との隔たりの前に立ち尽くすとき、いつも意識する次元なのだ。

このことは、世の中の間違いや不正義を、個人のせいにするのか社会のせいにするのかといった程度の話ではない。関わりたいのに関われない具体的かつ圧倒的な他者を前にして、その人も自分もそこに生きる社会の次元、一般性の場に立たざるをえなくなるのだ。ここで人は、個人として、具体的な他者の実在を前にして、その人と自分との距離の中で社会的で一般的な視点に立つ。そしてその視点に立つことではじめて、「この社会はどこかおかしい」という問いが発せられる。そこから出発して、何をどう変えなければならないのか、みなが納得できる社会的ルールとは何かが問われることになる。

これがルソーにとっては「法」、ロールズにとっては「正義」だ。そして、ホッブズにはじまり、社会契約論がたどった長い長い道程につき合ってきて、最後に私が見つけた答えでもある。社会契約論は前時代の遺物ではないし、リアリティもアクチュアリティもない仮想のお話ではない。人が他者との間の埋めようのない隔たりを前にして、それでも何かしたいと願うとき、つねにそこに立ち返る一般的な視点を示してくれる思想なのだ。

やっとここまでたどり着いた。予想もしていなかった結論だが、これでこの本を終えることができる。「社会契約論のアクチュアリティ」を探す、かなりわがままな私の行程に、最後までつき合ってくれた読者に感謝しつつ。

# 注

（1） この本でロックを取り上げることができない理由を、簡単に述べておく。

ジョン・ロック（John Locke, 1632-1704）の社会契約論では、「信託 trust」という考え方が鍵になる。そしてこの信託という用語が、イングランド法史の中でどのように展開してきたかを考えると、次のような問いが生じる。ロックの思想に「信託を受ける政府」という考えがある以上、もう一方に、「信託を与える者」を想定しないわけにはいかない。そしてこの信託を与える者は、ロックにおいては個人の意志や合意を超えた何らかの連続性を担わされている（「信託」については、メイトランド『信託と法人』森泉章訳、日本評論社、一九八八年を参照してほしい）。言い換えると、個人が生まれ、死に、構成メンバー自体が変わっても、具体的な場所で歴史的な実在として生きつづける集合体としての「人民」に当たるものが、ロックの契約論にとって不可欠の構成要素なのだ。

この人民の集合性は、ロックにおける「憲法制定権力」として語られてきたもののもとになっている。そしてまた、彼の思想を、ホッブズとは異質なヨーロッパ大陸の契約論（アルトゥジウスやグロティウス、プーフェンドルフに共通する契約の捉え方）に引き寄せて捉えたくなる理由でもある。

ホッブズとルソーが一回限りの契約を強調するのは、彼らが契約以前の人間社会にあるべき集合性を認めることができないからだ。ロックの社会契約にはこの特徴はない。この本での私の立場は、ホッブズやルソーに見られる一回限りの契約こそ社会契約論の革新性と近代性の源泉であるというものなので、その中にロックを含めて論じることができなかった。

（2）この評価がどのくらい一般的かは分からない。だが、少なくとも二人の人物が同じことを言っている。一人はマイケル・オークショット、もう一人はジョン・ロールズだ。

（3）モナルコマキ（暴君放伐論）からロックに至るまで、国家契約や政府への信託契約を主張する契約思想は、ほぼこの構成あるいはその原型となる形をとっている。一回の契約ですべてを行うホッブズとルソーの方が、契約論者の中でむしろ異質だといえる。

（4）ここでの「関係の非対称を含む約束としての信約」は、マルセル・モースが『贈与論』で論じた「贈与」の関係とよく似ている。モースにとって、贈ることは返礼の義務を生み、返礼の義務は異なる者同士を結びつけ、拘束力と時間と空間を同時に拓く。それによって贈与なしには決して生まれなかった共同の空間が生まれる。贈与が作り出す関係については、私の『連帯の哲学Ⅰ――フランス社会連帯主義』（勁草書房、二〇一〇年）の終章で考察した。

（5）ただし、このヒュームの批判は直接には、統治契約を楯に王権に強硬な態度をとる当時のウィッグ派に向けられたものだ。議会で優勢だったウィッグは、原理原則もないまま「契約違反」を理由に対立陣営との話し合いに応じず、かたくなな態度で政治を空転させる傾向にあった。ヒュームの批判は、彼らが典拠とするロック『市民政府論』にも向けられている。だが、ホッブズを名指しで批判してはいない。

（6）もっと詳しく知りたい人は、私の『統治の抗争史――フーコー講義一九七八―七九』（勁草書房、二〇一八年）を参照してほしい。また、こうした概念史理解のきっかけを与えてくれたのは、ミシェル・フーコーのコレージュ・ド・フランス講義だ。一九七八年講義『安全・領土・人口』および一九七九年講義『生政治の誕生』（ともに筑摩書房）参照。この二年の講義概観は、私の「ミシェル・フーコーの統治性研究」（『思想』第八七〇号、一九九六年）にある。また、一七世紀的な意味での「政治経済」の誕生の背景をなしている、国家理性と近代国家の統治性については、『ミシェル・フーコー――近代を裏から読む』（ちくま新書、二〇一一年）の第Ⅳ部で簡単に書いておいた。

（7）ここでは、ポリティカル・エコノミーについての三つの見方を対比し、その中でルソーの独自性を示すことに力点を置いている。そのため、経済学説史上の古典的な問いである、「重商主義」「フィジオクラシー（重農主義）」「ヒューム－スミス」のどこにどのような分断線を引くかという点には立ち入ることができない。私自身は、重商主義とフィジオクラシーの間に経済世界の認識についての断絶を見るとともに、フィジオクラシーとスミスに市場についての共通了解を見出す、フーコーの議論に依拠している。巻末の文献案内を参照。

（8）契約の前と後で同じように自由、あるいは「以前と同じように自由」といった表現が引っかかっている読者がいるかもしれない。というのは、『不平等起源論』の記述によるなら、社会契約が結ばれる時点での人間社会の状況は悲惨なもので、自由とはほど遠い隷属状態だとルソー自身が言っているからだ。そうなると、ここでの「以前」とは一体いつなのか。

これについては、ルソー解釈史の中でもいくつかの立場があるようだ。一つは、「以前」とは孤立した自然状態であるという説。しかしこの状態で社会契約が結ばれるという記述はどこにもなく、自然人には政治社会を作る理由もない。もう一つは、腐敗した政治体の終わりに契約が結ばれるのだから、以前とはこの時点を指すというもの。そうすると、そこでの人間のどこが自由なのかという、右に指摘した問題が出てくる。

ルソー自身がこれについて何も言っていないので、以下は推測にすぎないが、私の見解を述べておく。まず、以前と同じように自由、という場合の「以前」には、人間は本来自由であるというルソーの信念が関わっている。そしてその本来の自由が、『不平等起源論』では、仮想の自然状態として描かれている。

また、腐敗した政治体の終わりはホッブズの自然状態に近いという理解に立つなら、次のことが言える。契約が結ばれる時点で、人間世界には正しい法も正義もない。したがってここでは、人間は権利の上では何でもできる。それが実際には無力な状態であることは、ホッブズのところですでに指摘したとおりだ。それでも一般意志に基づく法がない状態では、人間は正当な法による拘束を欠いているという意味では自由なのだ。

しかしなお、以前と同じように、の「同じように」がどういうことなのかは理解不能だ。政治共同体における人間の自由は、孤立した自然人の自由であれ、腐敗した社会における権利上の自由であれ、そうしたものと「同じ」ではないからだ。このことはロールズも『政治哲学史講義』で指摘している。だから社会契約によって、それ以前とは内容も質も意味も全く異なる自由を、人は手に入れると言ったほうがよい。

つまり、ルソーの考えていることはやっぱり分からないのだ。

(9) ロールズは、古典的功利主義については、個人の快苦より社会における快苦の総計を優先する点を疑問視している。

では、ヒュームについても古典的功利主義と同じことが言えるだろうか。ロールズは、ヒュームにはこうした考えはないと指摘している。ヒュームにとっては、個人の善と共同体の善とは、少なくとも長期的には一致する。だからどちらを優先するかを考える必要がないのだ（『正義論』第六節）。

ロールズはとくに述べていないが、このことは、ヒュームのコンヴェンションにも当てはまると思う。ヒュームはコンヴェンションによって成立する所有の保護や約束の遵守、また統治の設立が、社会メンバー一人一人の利益にかなうとはじめから想定している。さらに、他の人もこのような想定に立つとお互いに予想するからこそ、人々はルールを守りコンヴェンションを築けるのだ。

したがってヒュームには、コンヴェンションを守ることが特定の個人の利益に反する場合を想定する余地がそもそもない。それによって、社会秩序と個人との軋轢や衝突、またそれを原因とする秩序の不安定といった、ホッブズ問題の再来の可能性は消去されている。

（10）こうしたルソー解釈に、私はこれまで出会ったことがなかった。ロールズは、『不平等起源論』の記述だけでは正当化が難しいこの解釈について、典拠となる文献、そして傍証となるルソーの他の著作での見解を示している。しかし、それにもましてロールズがこの理解を強く推す理由は、彼が『不平等起源論』をカントの『単なる理性の限界内の宗教』の一節と結びつけることによる。ロールズはつねに、カントを通じてルソーを読もうとしており、この点が彼のルソー解釈の大きな特徴となっている。『政治哲学史講義I』、三五六頁以下を参照。

# 文献案内

《翻訳について》

主要著書の日本語訳については、ホッブズ『リヴァイアサン』は岩波文庫版、ルソー『社会契約論』は白水社版の全集（白水Uブックスとして再刊）、ヒューム『人間本性論』は法政大学出版局版、ロールズ『正義論』は紀伊國屋書店改訂版を参照した。ただし、訳文は適宜変更してある。原文テキストは、『リヴァイアサン』はシュナイダー版（一九五八年）、『社会契約論』はプレイヤード版（ガリマール、一九六四年）、『人間本性論』はノートン版（オックスフォード大学出版会、二〇〇〇年）、『正義論』は改訂版（ハーヴァード大学出版会、一九九九年）を用いた。文献案内中の原テキスト紹介は、翻訳がどの版に拠っているかとは無関係に、初版の刊行年を記してある。

《もっと知りたい人のための文献案内》※本文で言及した参考文献を含む

◆第1章　ホッブズ

マイケル・オークショット『リヴァイアサン序説』中金聡訳、法政大学出版局、二〇〇七年（こ

の論集に所収の同名論文初出は一九四六年）

オークショットは読み手を選び、四〇歳を過ぎてようやく分かりはじめる思想家だ。あふれる教養と独特の用語で、頭にひらめいたことを塊のままぶつけてくる。受け手に大人の余裕がないと、この豪速変化球を受け止めきれない。「リヴァイアサン序説」の文体、ホッブズ読解の深さと自由さには心が震える。著者曰く、この古い論文には妙に「浮力がある」のだそうだ。オークショットは保守主義者を自認したが究極のポストモダニストで、ニーチェに近い場所から世界を眺めた人でもある。そして政治の固有性について、深く、鋭く考えつづけた人だ。膨大な労力を費やした読解の成果を、切り詰めた文章で表現するぶっきらぼうさに、一度惹きつけられると離れがたくなる。

長尾龍一『リヴァイアサン――近代国家の思想と歴史』講談社学術文庫、一九九四年

主権国家秩序と国際法秩序。一六世紀以降拮抗しつづけてきたこれら二つの秩序をめぐって、何が争点となってきたのか。ホッブズ、ケルゼン、シュミットという三人の思想家を対比することでこれを浮き彫りにするという、壮大なテーマの作品。だが、著者の文体はときに軽妙で、法哲学的思弁から日常的実例へと自由に話が飛ぶ。それが妙にしっくりくるためエッセイ風にも読めるが、背後に三人の思想家が提起する論点への周到な目配りと、ありえない集中力で大量の文献を読みこなす古典的教養人の姿がある。なお、ホッブズ理解はレオ・シュトラウスの影響が強い。著者はケルゼン研究者を自認するが、シュミットに惹かれ、シュミットの叙述に

なるとやたらに筆が冴える。

**タルコット・パーソンズ『社会的行為の構造1―5』**稲上毅・厚東洋輔・溝部明男訳、木鐸社、一九七四―一九八九年

社会学に興味を持つ若い人には、今でもパーソンズを薦めたい。社会学とはこんなふうに物事を見る学問なのだ。本書の中で彼は、思想を理論体系の生成史へと組み込み、そこから新たな主意主義的行為理論を構築しようと目論む。社会学的思考の根本には、理論、一般化、現実に即したその発展と適用といった、ここに見られる志向がつねにある。私は思想史を理論に回収するこの発想に違和感を持ち、社会学を専攻できなかった。たしかにパーソンズには、思想家のありのままの姿を見ると称して実はその現代的意義を引き出す力を持たない、思想史にはない強さを感じる。だが、政治思想研究者として問いを先鋭化するには、社会学とは別の道を探るべきだといまも思っている。

**マルセル・モース『贈与論』**(『贈与論 他二編』)森山工訳、岩波文庫、二〇一四年

「見返りを求めない贈与などない」。こういう見方を、単なるエゴイズムとは全く別のものに結びつけていくセンスが好きだ。見返りへの期待とは他者への期待であり、先に自らを投げ出すことではじまった約束に、相手もまた応えてほしいという願望こそが社会関係を生み出す。二つの世界大戦の狭間の時期に、第一次大戦でかけがえないものを失ったモースは、それでも希望の本を書いた。その情熱と世界への愛を、どう引き継ぐことができるだろう。

〔原テキスト〕

トマス・ホッブズ『リヴァイアサン㈠―㈣』水田洋訳、岩波文庫、一九九二年、*Leviathan or The Matter, Forme and Power of a Common Wealth Ecclesiasticall and Civil*, London, 1651.

――『物体論』『人間論』『市民論』(『哲学原論／自然法および国家法の原理』伊藤宏之・渡部秀和訳、柏書房、二〇一二年所収)、*Elementorum Philosophiae Sectio Prima, De Corpora*, London, 1655, *Elementorum Philosophiae Sectio Seconda, De Homine*, London, 1658, *Elementorum Philosophiae Sectio Tertua, De Cive*, Amsterdam, 1647.

## ◆第2章 ヒューム

ホント、イグナティエフ編著『富と徳――スコットランド啓蒙における経済学の形成』水田洋・杉山忠平監訳、未來社、一九九〇年

コンテキスト主義の政治経済思想史（ただし、その牙城となったケンブリッジ大学では「インテレクチュアル・ヒストリー」として歴史学部の中にある）ってなんて難しいんでしょう、と困りつつ、キーワードだけは分かる論集。彼らの議論は政治に焦点を絞ると話が細かくなりすぎ、むしろ政治と経済が切り結ぶ地点に現れる「社会」に触れるところで最も威力を発揮する。その観点からすると、ホントとイグナティエフの序論（「『国富論』における必要と正義」）と、第一一章（ホント「スコットランド古典経済学における「富国＝貧国」論争」）がおもしろく読めた。

坂本達哉『ヒュームの文明社会――勤労・知識・自由』創文社、一九九五年

ヒュームの文明社会認識にこれほどの厚みがあるということを、『イングランド史』に接することが難しい人たちに丁寧に語ってくれる。『本性論』が、若きヒュームが一気に書き上げた才気あふれる著作だとするなら、『道徳政治論集』から『イングランド史』にかけてのヒュームは、歴史と当時の社会への関心を結びつけ、そこに動態的な発展の契機を見た人だ。同時に彼は、過去が現在を理解するための範例に満ちているという古典的教養の立場を決して手放さなかった。私の本では十分触れていない別のヒュームの魅力が、綿密な資料の考証に基づいて描かれた良書。

内田義彦『経済学の生誕』未來社、一九五三年

内田義彦は、高島善哉や大塚久雄よりやや年下の、「市民社会派」の研究者だ。彼はスミスを論じる際、グラスゴウ大学での法学講義やエディンバラレビューへの寄稿など、当時としては相当マニアックなテキストに目を向ける。彼のおもしろさは、それを新資料の紹介ですまさないところだ。それどころか、こういったテキストから従来の読解を覆す大胆な読みを展開し、自論へと力ずくで持っていく。ヒュームとルソーの読解、それをスミスへとつなげるやり方は、独創的というより無謀で、かなり疑問だが、内田の文章にはそれを割り引いても読ませる妙な勢いがある。私はヒュームが書けずに苦悶していたとき、彼の文章からなぜか弾みがついた。表層の意味では説明できない、文体と著者の個性が宿す力だと思う。

〔原テキスト〕

デイヴィッド・ヒューム『人間本性論　第3巻　道徳について』法政大学出版局、二〇一二年、*A Treatise of Human Nature. Being an Attempt to introduce the experimental Method of Reasoning into Moral Subjects*, Book III, 'Of Morals', London, 1740.

――『ヒューム 道徳・政治・文学論集［完訳版］』田中敏弘訳、名古屋大学出版会、二〇一一年、*Essays, Moral and Political*, Edinburgh, 1741-42.

◆第3章　ルソー

山崎正一・串田孫一『悪魔と裏切者――ルソーとヒューム』河出書房新社、一九七八年

　公刊されたルソーとヒュームの手紙のやりとりからの豊富な引用を含め、彼らのけんかの顛末を再現した著書。二人の間に生じたドラマを、無駄を省いた、しかも質の高い文章で活写しており、まるで戯曲のようにあっという間に読んでしまう。ルソーとヒュームのどちらがどうなのかの判断を読者に委ねながらも、どう見ても頭が変なルソーの方にちょっと肩入れしているあたりがとてもよい。世の中には資料に埋もれることを免罪符にする、生硬で読者不在の研究書があふれている。だがこの本は、著者たちが本当に面白いと思ったことを探偵みたいに探った成果で、作品としてほかに代えがたい魅力がある。

ミシェル・フーコー『生政治の誕生』（ミシェル・フーコー講義集成〈8〉）慎改康之訳、筑摩書房、

二〇〇八年

フーコーの一九七九年コレージュ・ド・フランス講義。本文中での私の政治経済をめぐるフィジオクラシーとヒューム-スミスの位置づけは、この年の講義にほぼ負っている。ただしメインはルソーとの対比なので、フーコーが講義の中で強調した、「市場の自然性」、あるいは外からの恣意的介入を拒むような市場における相互行為の独自性と自律性という論点には十分踏み込むことができなかった。経済学説史の通常の枠組みからでは絶対に出てこない視点で、フーコーが市場の自然性と統治の問題との交錯を描く手腕は圧巻だ。歴史を近未来への政治的関心と力技で結びつけるフーコーの魅力を、もっときちんと伝えなければと思う。この人に出会えたことに日々感謝している。

**パトリック・ライリー『ルソー以前の一般意志——神学から市民論への転換』**（日本語訳なし）

Patrick Riley, *The General Will Before Rousseau: The Transformation of the Divine into the Civic*, Princeton: Princeton U. P., 1986.

一読して、こんなクラシックかつオタク的な研究者がアメリカにいるのかと思った。だが彼の経歴を知って納得。LSEでオークショットに学んだ後、ハーヴァードでロールズとシュクラーに師事している。引退まで長期にわたってウィスコンシン大学で教鞭をとりながら、社会契約論を思想史的に研究し、ライプニッツを英訳した。現在のアメリカにはあまりいないタイプの研究者だ。分析哲学的な手法で思想史をズタズタに裁断するアメリカ流の「現代政治理論」研究者は、彼の本を読んでちゃんと勉強してほしい。

**桑瀬章二郎（編）『ルソーを学ぶ人のために』**世界思想社、二〇一〇年

責任放棄のようで恐縮だが、私の本では『社会契約論』が全く分からないと思った方は、この本の第七章、吉岡知哉「政治制度と政治――『社会契約論』をめぐって」の一読を薦める。短い字数に内容が詰まっているが、『社会契約論』を読み、構成上の疑問や問題点をメモした上で接すれば、これほど明快に一つの読みの筋を示してくれる文章は珍しいと思う。同著者の『ジャン＝ジャック・ルソー論』（東京大学出版会、一九八八年）は、名著だがことば遣いが難解で、ややハードルが高いかもしれない。

巻末の丁寧な文献案内と詳細な年譜も、ルソーについて知るきっかけとして役に立つ。

〔原テキスト〕

**ジャン＝ジャック・ルソー『社会契約論』**作田啓一訳、白水Uブックス、二〇一〇年、*Du contrat social ou principes du droit politique*, Amsterdam, 1762.

**――『人間不平等起原論』**本田喜代治・平岡昇訳、岩波文庫、一九七二年、*Discours sur l'origine et les fondements de l'inégalité parmi les hommes*, Amsterdam, 1755.

**――「政治経済論」**阪上孝訳『ルソー・コレクション　文明』白水iクラシックス、二〇一二年、《Économie ou Œconomie politique》in *L'Encyclopédie* Tome. V, Paris, 1755.

## ◆第4章　ロールズ

〔原テキスト〕

ジョン・ロールズ『正義論』川本隆史他訳、紀伊國屋書店、二〇一〇年、*A Theory of Justice*, Cambridge, Massachusetts: Harvard U.P., 1971.

――『ロールズ政治哲学史講義Ⅰ』齋藤純一他訳、岩波現代文庫、二〇二〇年、*Lectures on the History of Political Philosophy*, Harvard U.P., 2007.

――『ロールズ哲学史講義　上』坂部恵監訳、みすず書房、二〇〇五年、*Lectures on the History of Moral Philosophy*, Harvard U.P., 2000.

## ◆ボツ原稿からのおまけ

～ホッブズ以前、およびホッブズの時代の政治思想について知りたい人のために～

**プラトン『法律㊤㊦』**森進一他訳、岩波文庫、一九九三年

プラトンが政治を論じたテキストとしては、『国家』の方が有名だ。だが『法律』は、古代ギリシャ諸国の統治の実際について知りたい人には、国家篇より興味深いはずだ。全篇が対話になっており、第一巻には、酔っぱらいと酒宴は何の役に立つかについてのかなり長い議論がある。泥酔したプラトンを想像するだけでおもしろく感じられる。立法者や法の重要性だけで

なく、政府の役人の種類や規定、音楽や芸術、学問、教育、体育、生産物の配分と市場、司法制度と処罰、家族をめぐる法制度など、話題は多岐におよぶ。統治の技術論が古代ギリシャでかなり精緻に作られていたことが分かる。

**ニッコロ・マキャヴェリ『君主論』『リウィウス論』『フィレンツェ史』**（『君主論・戦争の技術・カストルッチョ・カストラカーニ伝』『ディスコルシ』『フィレンツェ史』マキァヴェッリ全集〈1〉〈2〉〈3〉筑摩書房、一九九八年、一九九九年）

フィレンツェの陽光、マキャヴェリは眩しすぎる。彼ほど力強く祖国と自由を讃美した思想家がいるだろうか。ここには自己実現を全体との同一化に託すような下衆な近代根性は微塵もない。すべてを決するのはヴィルトゥ（力量）で、そこでは暴力と陰謀で人をねじ伏せる陰惨な力と、正義と法の遵守によって民衆の信頼を勝ちえる徳とが同じものの二つの面としてつかみとられている。祖国愛も悪徳も、彼の著作に触れれば通常の価値観では計り知れない力と生気を吹き込まれ、燦然と輝きはじめる。生々しい政治経験をとおして善悪の彼岸に達したマキャヴェリは、不遇のときも北イタリアの風土とルネサンスの絢爛に守られ、ニーチェのように病になることもなく日々賭け事に興じた。

**ジャン・ボダン『国家論六篇』**（日本語訳なし）*Les six livres de la République*, Paris, 1576.（フランス語版とラテン語版（一五八六年）があります。英訳で読めます）

ボダンは「主権」という言葉を明確に定義し、近代的な意味で用いた最初の人と言われる。

高校の教科書にも名前が出てくるほど有名だ。だが著書の翻訳がなく、本当は誰もボダンを知らないんじゃないかと思う。そしてこの本を読んでみると、案の定とても変なことがいろいろ書いてある。主権は他の支配権力とは違うと強調しながら、別のところでは家の統治と国家の統治を並べて論じたり、古代ローマのさまざまな官職について、ものすごくくどくどしい叙述がつづく。ホッブズ以前の政治思想において、まだその「文法」(政治の論じ方)が定まっていなかったことを読み取るには、ちょうどいい著作だ。カール・シュミット『独裁』はボダンの主権論をある角度からエッジを効かせて切り取るが、ボダンにはそこに尽くせないドロッとした分からなさがある。

**佐々木毅『主権・抵抗権・寛容——ジャン・ボダンの国家哲学』**岩波書店、一九七三年

入門書にはほど遠いが、佐々木は一思想家内部の異質な要素の併存を明快に示すので、細かい知識がなくても読める。魔女裁判を擁護し、あるかないか分からない内面に基づいて外面的な権威への絶対服従を説き、父権の絶対性を宣言するボダン。彼はやはり近代的知性には理解しがたい「デモノマニア(悪魔憑き。ボダンの魔女狩り擁護論のタイトル)」の存在を確信する世界の住人に見える。この本でボダンが分からなくても、たとえば統治論と無関係にも読めるボダンの主権論を統治論の上位にあると断言するくだりは、佐々木毅のその後、つまりリーダーと決断を手放しに支持する姿勢の出発点となっているようで興味深い。

**ルドルフ・トロイマン『モナルコマキ——人民主権論の源流』**小林孝輔訳、学陽書房、一九七六

年

ホッブズより少し前の時代に、「人民主権論」がどのように展開していたかを知るための貴重な本。「暴君放伐論」と訳される「モナルコマキ（ラテン語monarchomachi）」の思想を、「無駄を省いて体系化する」ことに抗して読み解こうとしている。モナルコマキは何よりも、対立と抗争に満ちた時代の中で一つの政治的立場を打ち出した人々だ。彼らは、反絶対主義、人民主権をどのように定立し、広め、現実のものとするかに関心を抱いた。パンフレットや政治文書から、その立場の多様性と共通点をあぶり出す手法は、原著出版から百年以上を経たいまでも古さを感じさせない。

**村上淳一『近代法の形成』**岩波全書、一九七九年、**『ゲルマン法史における自由と誠実』**東京大学出版会、一九八〇年

これはすごい!! 近代法の成り立ちをそれ以前の法や社会との対比において捉える試み。そこに著者が見出すのは、中世初期から中世中期、そして近代への転換であるとともに、社会の実情に支えられた法理念の継承でもある。ともすれば、法は社会の上澄みで、実態を映すには抽象的すぎると考えられがちだ。だが村上の本からは、一方に法の背景にある人々の思惑や利害、他方に社会構造のダイナミックな変動を見てとれる。また『ゲルマン法史……』は、ローマ法継受以前のゲルマン法の迷宮に誘うだけではない。そこに「ゲルマン的なもの」を再発見しようと躍起になった一九世紀以降のドイツ法制史学者たちを、どこか突き放したポストモダ

ン的手法で読み解く著者のスタンスに感動する。

**オットー・フォン・ギールケ『ヨハネス・アルトジウス――自然法的国家論の展開及び法体系学説史研究』**笹川紀勝他訳、勁草書房、二〇一一年

ギールケは、ドイツ法制史におけるロマニスト（ローマ法主義者）とゲルマニスト（ゲルマン法主義者）の対立において、ゲルマニストの代表としてつねに挙げられる思想家だ。近代以前の法世界という素人には近づきがたいテーマを、該博な知識を駆使して解説してくれるのだが、叙述が退屈すぎてたまらない。村上淳一や成瀬治を手がかりに読まないと、どこに着目すればいいかすら分かりにくい。しかしギールケの著書はテーマも内容も、法政治的世界における近代の成立を考えるうえでたしかに重要なのだ。

**柴田寿子『スピノザの政治思想――デモクラシーのもうひとつの可能性』**未来社、二〇〇〇年

スピノザという巨大な思想家を、どうしても理解したいという熱意に支えられた名著。スピノザを広く深く知るという意図の下、当時のネーデルランドの経済社会から、シヴィック・ヒューマニズム、アルミニウス主義、そしてアルトゥジウスなど、思想的・歴史的背景への細やかな目配りがなされている。また、著者はドイツ概念史研究の成果にも注目しており、近世ヨーロッパ政治思想の多層性について思わぬ発見をさせてくれる。三、四、六章がとくに秀逸で、第六章は来るべき民主主義論を予感させる。

# 謝辞

優れた射手は、射抜くべき標的があまりに遠く見え、自分の弓の能力（ヴィルトゥ）の限界を自覚するとき、標的よりもはるか高くに狙いを定めてみる。これは、矢がかなり高いところに達するためではなく、高く狙いをつけることで標的に達するためだ。

（マキャヴェリ『君主論』）

この本で私は、自分のヴィルトゥを試そうとした。放った矢は標的に届いただろうか。それを判断するのは、もちろん私自身ではない。この本を手にとってくれた、一人ひとりの読者だ。だからまず、読者がいることに感謝したい。

また、次の方々に感謝する。

互盛央、森政稔、長尾龍一、柴田寿子、藤原保信、クェンティン・スキナー、イストヴァン・ホント、藤井達夫、森川輝一、奥田太郎、内田兆史、高山裕二、重田秀夫、そして山田誠司。明治大学政治経済学部「現代思想」講義の参加者。一緒にロールズを読んだ院生たち。

ルソーの似顔絵を描いてくれた小泉萌と、写真を撮ってくれた阿久津彩。

最後に、この本をめぐるすべてを見届けてくれた、増田健史に。

「男性のロゴス」が沁みついた「研究者」のことば遣いに、ずっと窮屈を感じてきた。増田さんは、私がそこから脱し、自分の言語世界を読者との間に作っていく、そのための場所を開けてくれた。そして、私の思考の癖や弱点、人間的な欠陥を理解し、どちらもが持つはずの熱意に職分を超えて賭けてくれた。互いに約束を守ることができ、絶句するほど難航したこの本を世に出すことができて、とてもうれしい。それと同時に、長い夏休みが終わるようで少し寂しくもある。

ちくま新書
1039

# 社会契約論《しゃかいけいやくろん》
――ホッブズ、ヒューム、ルソー、ロールズ

二〇一三年一一月一〇日　第一刷発行
二〇二五年　一　月二五日　第六刷発行

著者　重田園江（おもだ・そのえ）

発行者　増田健史
発行所　株式会社 筑摩書房
東京都台東区蔵前二-五-三　郵便番号一一一-八七五五
電話番号〇三-五六八七-二六〇一（代表）
装幀者　間村俊一
印刷・製本　株式会社 精興社


ISBN978-4-480-06742-5 C0210

# ちくま新書

020
## ウィトゲンシュタイン入門
永井均
天才哲学者が生涯を賭けて問いつづけた『語りえないもの』とは何か。写像・文法・言語ゲームと展開する特異な思想に迫り、哲学することの妙技と魅力を伝える。

029
## カント入門
石川文康
哲学史上不朽の遺産『純粋理性批判』を中心に、その哲学の核心を平明に読み解くとともに、哲学者の内面のドラマに迫り、現代に甦る生き生きとしたカント像を描く。

533
## マルクス入門
今村仁司
社会主義国家が崩壊し、マルクス主義が後退した今、マルクスを読みなおす意義は何か？　既存のマルクス像からはじめて自由になり、新しい可能性を見出す入門書。

545
## 哲学思考トレーニング
伊勢田哲治
哲学って素人には役立たず？　否、そこは使える知のツールの宝庫。屁理屈や権威にだまされず、筋の通った思考を自分の頭で一段ずつ積み上げてゆく技法を完全伝授！

922
## ミシェル・フーコー
――近代を裏から読む
重田園江
社会の隅々にまで浸透した「権力」の成り立ちを問い、常識的なものの見方に根底から揺さぶりをかけるフーコー。その思想の魅力と強靭さをとらえる革命的入門書！

944
## 分析哲学講義
青山拓央
現代哲学の全領域に浸透した「分析哲学」。言語のはたらきの分析を通じて世界の仕組みを解き明かすその手法は切れ味抜群だ。哲学史上の優れた議論を素材に説く！

967
## 功利主義入門
――はじめての倫理学
児玉聡
「よりよい生き方のために常識やルールをきちんと考えなおす」技術としての倫理学において「功利主義」は最有力のツールである。自分で考える人のための入門書。

ちくま新書

294 デモクラシーの論じ方 ——論争の政治 杉田敦
民主主義、民主的な政治とは何なのか。あまりに基本的と思える問題について、一から考え、デモクラシーにおける対立点や問題点を明らかにする、対話形式の試み。

465 憲法と平和を問いなおす 長谷部恭男
情緒論に陥りがちな改憲論議と冷静に向きあうには、そもそも何のための憲法かを問う視点が欠かせない。この国のかたちを決する大問題を考え抜く手がかりを示す。

535 日本の「ミドルパワー」外交 ——戦後日本の選択と構想 添谷芳秀
「平和国家」と「大国日本」という二つのイメージに引き裂かれてきた戦後外交をミドルパワー外交と積極的に位置付け直し、日本外交の潜在力を掘り起こす。

594 改憲問題 愛敬浩二
戦後憲法はどう機能してきたか。改正でどんな効果が期待できるのか。改憲論議にはこうした実質を問う視角が欠けている。改憲派の思惑と帰結をクールに斬る一冊!

722 変貌する民主主義 森政稔
民主主義の理想が陳腐なお題目へと堕したのはなぜか。その背景にある現代の思想的変動を解明し、複雑な共存のルールへと変貌する民主主義のリアルな動態を示す。

925 民法改正 ——契約のルールが百年ぶりに変わる 内田貴
経済活動の最も基本的なルールが、制定から百年を経て抜本改正されようとしている。なぜ改正が必要とされ、具体的に何がどう変わるのか。第一人者が平明に説く。

948 日本近代史 坂野潤治
この国が革命に成功し、わずか数十年でめざましい近代化を実現しながら、やがて崩壊へと突き進まざるをえなかったのはなぜか。激動の八〇年を通観し、捉えなおす。

## ちくま新書

527 社会学を学ぶ 内田隆三
社会学を学ぶ理由は何か？ 著者自身の体験から、パーソンズの行為理論、フーコーの言説分析、ルーマンらのシステム論などを通して、学問の本質に迫る入門書。

718 社会学の名著30 竹内洋
社会学は一見わかりやすそうで意外に手ごわい。でも良質の解説書に導かれれば知的興奮を覚えるようになる。30冊を通して社会学の面白さを伝える、魅惑の入門書。

800 コミュニティを問いなおす ――つながり・都市・日本社会の未来 広井良典
高度成長を支えた古い共同体が崩れ、個人の社会的孤立が深刻化する日本。人々の「つながり」をいかに築き直すかが最大の課題だ。幸福な生の基盤を根っこから問う。

817 教育の職業的意義 ――若者、学校、社会をつなぐ 本田由紀
このままでは、教育も仕事も、若者たちにとって壮大な詐欺でしかない。教育と社会との壊れた連環を修復し、日本社会の再編を考える。

887 キュレーションの時代 ――「つながり」の情報革命が始まる 佐々木俊尚
テレビ・新聞・出版・広告――マスコミ消滅後、情報はどう選べばいいか？ 人の「つながり」で情報を共有する時代の本質を抉る、渾身の情報社会論。

914 創造的福祉社会 ――「成長」後の社会構想と人間・地域・価値 広井良典
経済成長を追求する時代は終焉を迎えた。「平等と持続可能性と効率性」の関係はどう再定義されるべきか。日本再生の社会像を、理念と政策とを結びつけ構想する。

941 限界集落の真実 ――過疎の村は消えるか？ 山下祐介
「限界集落はどこも消滅寸前」は嘘である。危機を煽り立てるだけの報道や、カネによる解決に終始する政府の過疎対策の誤りを正し、真の地域再生とは何かを考える。